लोकप्रिय शायर और उनकी शायरी

दाग़

AF359665

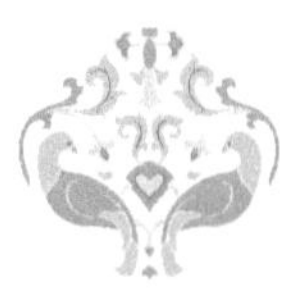

संपादक : दोस्त मोहम्मद ख़ान

संकलन व लिप्यान्तरण : मोहित भटनागर

दाग़ की जीवनी और उनकी बेहतरीन
ग़ज़लें और शे'र

राजपाल

ISBN : 9789389373134

प्रथम संस्करण : 2020 © राजपाल एण्ड सन्ज़

हिन्दी अनुवाद © राजपाल एण्ड सन्ज़

LOKPRIYA SHAYAR AUR UNKI SHAYARI
DAAGH (Life-Sketch & Poetry)
Selected and translated by Mohit Bhatnagar
Edited by Dost Mohammad Khan

राजपाल एण्ड सन्ज़

1590, मदरसा रोड, कश्मीरी गेट, दिल्ली-110006
फ़ोन : 011-23869812, 23865483, 23867791
e-mail : sales@rajpalpublishing.com
www.rajpalpublishing.com
www.facebook.com/rajpalandsons

क्रम

भूमिका

उर्दू भी मराठी, गुजराती और पंजाबी के समान एक भारतीय भाषा है, अन्तर केवल इतना है कि इसका मुख्य स्रोत संस्कृत के बजाय अरबी और फ़ारसी भाषाएं हैं परन्तु इन भाषाओं के साथ भी संस्कृत का संबंध प्राचीन काल से रहा है। 'कपि', 'चर्म' और 'कर्णफूल' जैसे शब्द अरबी और फ़ारसी भाषाओं में संस्कृत से ही आए हैं और भाषा विज्ञान की दृष्टि से भी उर्दू को हिन्दी की छोटी बहन माना जाता है। पिछले दो सौ वर्षों में यह इतनी फली-फूली कि अब इसको हिन्दी से अलग करके देखना कठिन है। अरबी और फ़ारसी के अनेक शब्द जैसे साबुन, चाक़ू और चश्मा (ऐनक) आदि उर्दू के माध्यम से हिन्दी में आ गए हैं और अब इनके समानार्थक हिन्दी शब्द नहीं मिलते। स्वाधीनता संघर्ष का बहुत सा साहित्य (जैसे भगत सिंह के पत्र और लेख) तथा प्रेमचन्द रचित साहित्य भी हिन्दी और उर्दू की सांझी धरोहर है। हिन्दी सिनेमा के गीत और संवादों ने भी उर्दू को प्रोत्साहन दिया है। स्वतंत्रता के बाद उर्दू साम्प्रदायिक राजनीति का शिकार हुई और इसकी लिपि के जानकार कम हो गए परन्तु भाषा का वर्चस्व फिर भी क़ायम रहा, यद्यपि पिछले कुछ दशकों में इसकी संप्रभुता को अंग्रेज़ी से चुनौती मिली है और नई पीढ़ी का रुझान उर्दू के प्रति कुछ कम हो गया है।

इस पुस्तक का उद्देश्य उर्दू भाषा की गरिमा और मधुरता से नई पीढ़ी को परिचित कराना है। यदि इसे पढ़कर नई पीढ़ी की रुचि अन्य महाकवियों जैसे अमीर ख़ुसरो, मीर, नज़ीर अकबराबादी, ग़ालिब और इक़बाल के काव्य को मूल भाषा (अंग्रेज़ी अनुवाद नहीं) में पढ़ने के लिए जाग्रत हो सके तो मैं अपने इस प्रयास को सफल समझूंगा।

इस पुस्तक के प्रारम्भ में दिए गए अध्याय 'दाग़ : जीवनी और उनकी शायरी' को लिखने में मुझे जिन ग्रंथों से सहायता मिली है, उनमें श्री अयोध्या प्रसाद गोयलीय द्वारा लिखित 'शे'र ओ सुख़न' (भाग 1 व 4), 'उस्तादाना कमाल' (तीनों भारतीय ज्ञानपीठ द्वारा प्रकाशित) तथा बेगम मुमताज़ मिर्ज़ा द्वारा उर्दू में संकलित 'इन्तिख़ाब-ए-कलाम-ए-दाग़' (उर्दू अकादमी दिल्ली द्वारा प्रकाशित) प्रमुख हैं। श्रीमती कुसुम सुधीर ने हिन्दी की वर्तनी सुधारी और मेरे मित्र श्री दोस्त मोहम्मद ख़ान ने प्रत्येक शे'र का वज़्न जांच कर पांडुलिपि टाइप की। इन दोनों का सहयोग अमूल्य है लेकिन किसी भी त्रुटि के लिए केवल मैं उत्तरदायी हूं। अंत में, मैं राजपाल एण्ड सन्ज़ की प्रबन्ध निदेशक श्रीमती मीरा जौहरी का आभारी हूँ जिनके धैर्य के बिना इस पुस्तक का प्रकाशित होना कठिन था।

ज़बानें तो सभी शीरीं बहुत हैं
कहां है पर कोई उर्दू ज़बां सी

नई दिल्ली

—मोहित भटनागर

18 अगस्त, 2019

mohit1797@yahoo.co.in

दाग़ : जीवनी और उनकी शायरी

क्यों 'दाग़' देहलवी की ज़बां मुस्तनद[1] न हो
पैदा किया ख़ुदा ने उसे तख़्तगाह[2] में

मिर्ज़ा नवाब खाँ 'दाग़' का अपनी भाषा के बारे में यह दावा दिल्ली से उनके संबंध को विशेष और अनोखे अन्दाज़ में दर्शाता है। उनका जन्म 25 मई, 1831 को चाँदनी चौक, दिल्ली में हुआ। उनके पिता नवाब शम्सुद्दीन अहमद खान, लोहारू के नवाब अहमद बख़्श खान* के पुत्र थे। एक अंग्रेज़ अधिकारी विलियम फ्रेज़र के क़त्ल के इल्ज़ाम में 'दाग़' के पिता को अक्टूबर, 1835 में फांसी दी गई। उस समय 'दाग़' की उम्र पाँच साल भी नहीं थी। कुछ समय तक 'दाग़' अपनी माँ वज़ीर बेगम के साथ रहे, फिर अपनी मौसी उम्दा ख़ानम के पास रामपुर चले गए। 1844 में जब 'दाग़' की माँ की शादी बहादुर शाह ज़फ़र के उत्तराधिकारी मिर्ज़ा फ़ख़रू से हुई तो 'दाग़' भी लाल क़िला बुला लिए गए जहाँ एक शाहज़ादे की हैसियत से उनकी शिक्षा-दीक्षा शुरू हुई। लाल क़िला के वातावरण का उन पर असर हुआ और उन्होंने भी शायरी शुरू कर दी। उनकी प्रतिभा देखकर मिर्ज़ा फ़ख़रू ने उन्हें अपने काव्य गुरु उस्ताद 'ज़ौक़' का शागिर्द बनवा दिया। उस समय लाल क़िला की बेगमें उर्दू-ए-मुअल्ला[3] में निपुण थीं। डॉ. ख़लीक़ अन्जुम ने लिखा है—'दाग़' की इससे बड़ी ख़ुशनसीबी क्या होगी कि उन्हें मुग़ल बेगमात, शाहज़ादियों और

---

1. प्रामाणिक 2.राजधानी 3. उच्च कोटि की उर्दू
* इन्हीं अहमद बख़्श ख़ान के छोटे भाई इलाही बख़्श खान 'मारूफ़' मिर्ज़ा ग़ालिब के ससुर थे, यानी 'दाग़' के पिता नवाब शम्सुद्दीन 'ग़ालिब' की पत्नी के चचेरे भाई थे। इस रिश्ते से मिर्ज़ा 'ग़ालिब', 'दाग़' के फूफा थे।

शाहज़ादों से उर्दू-ए-मुअल्ला सीखने का मौक़ा मिला और फ़न-ए-शायरी[4] के रमूज़ ओ असरार[5] उस्ताद 'ज़ौक़' ने सिखाए। जुलाई, 1856 में मिर्ज़ा फ़ख़रू की मृत्यु के बाद क़िले के राजनैतिक माहौल से तंग आकर 'दाग़' की माँ उन्हें लेकर रामपुर चली गईं। रामपुर के नवाब कल्बे अली खाँ ने अप्रैल, 1866 में 'दाग़' को अपने दरबार में जगह दी तथा फ़राशख़ाना और अस्तबल का दारोग़ा[6] बनाया। नवाब की मृत्यु के बाद 1887 में 'दाग़' इस्तीफ़ा देकर दिल्ली आ गए और अप्रैल, 1888 में हैदराबाद पहुंचे। वहां दरबार में जगह न मिली तो जुलाई 1889 में हैदराबाद छोड़ दिया। बाद में नवाब के बुलाने पर अप्रैल, 1890 में दोबारा हैदराबाद पहुंचे। शुरू में उनका वेतन 450 रुपये मासिक तय हुआ। तीन वर्ष के बाद उसे बढ़ाकर 1000 रुपये मासिक कर दिया गया। 1902 तक 'दाग़' का सम्मान बढ़ने के साथ मासिक आय भी 1700 रुपये तक पहुंच गई। इस प्रकार उर्दू शायरी के इतिहास में 'दाग़' पहले ऐसे शायर हैं जिन्हें केवल उर्दू शायर के रूप में इतना वेतन मिला। फ़रवरी, 1905 में उनकी मृत्यु हो गई और हैदराबाद में ही उन्हें दफ़्न किया गया।

जैसा कि ऊपर लिखा जा चुका है, उन्होंने शाही बेगमात से उर्दू सीखी और 'ज़ौक़' जैसे शायर से शायरी की बारीकियां समझीं। उनकी शायरी में दिल्ली की सरस और मुहावरेदार भाषा का प्रयोग हुआ है। जैसा कि निम्न उदाहरण से स्पष्ट है—

क्यों चुराते हो देखकर आँखें
कर चुकीं मेरे दिल में घर आँखें

ज़ोफ़[7] से कुछ नज़र नहीं आता
कर रही हैं डगर डगर आँखें

चश्म-ए-नरगिस[8] को देख लें फिर हम
तुम दिखा दो जो एक नज़र आँखें

---

4. काव्य कला 5. रहस्य, भेद (यहाँ बारीकियों से आशय है) 6. निरीक्षक 7. कमज़ोरी 8. एक फूल जिसकी पंखुड़ी आँख के आकार की होती है

न गई ताक-झांक की आदत
लिए फिरती हैं दर-ब-दर आँखें

क्या ये जादू भरा न था काजल
सुर्ख़ कर लीं जो पोंछ कर आँखें

ख़ाक पर क्यों हो नक़्श-ए-पा तेरा
हम बिछाएं ज़मीन पर आँखें

'दाग़' आँखें निकालते हैं वो
उनको दे दो निकाल कर आँखें

'दाग़' ने छोटे से छोटे शब्दों का ऐसी कुशलता से प्रयोग किया है कि उसमें तरह तरह के अन्दाज़ पैदा हो जाते हैं। जैसे एक छोटे से शब्द 'तो' का प्रयोग 'दाग़' ने अपनी ग़ज़ल में इस प्रकार किया है—

ख़ातिर से या लिहाज़ से मैं मान तो गया
झूठी क़सम से आपका ईमान तो गया

दिल ले के मुफ़्त कहते हैं कुछ काम का नहीं
उलटी शिकायतें हुईं, एहसान तो गया

डरता हूं देखकर दिल-ए-बेआरजू को मैं
सुनसान घर ये क्यों न हो, मेहमान तो गया

देखा है बुतकदे⁹ में जो, ऐ शेख़ कुछ न पूछ
ईमान की तो ये है कि ईमान तो गया

अफ़्शा-ए-राज़-ए-इश्क़ [10] में गो [11] ज़िल्लतें [12] हुई
लेकिन उसे जता तो दिया, जान तो गया

---

९. मूर्तिगृह 10. प्रेम का रहस्य प्रकट करने में 11. यद्यपि 12. अपमान

गो नामाबर [13] से ख़ुश न हुआ पर हज़ार शुक्र
मुझको वो मेरे नाम से पहचान तो गया

होश-ओ-हवास ओ ताब [14] ओ तवां [15] ‘दाग़’ जा चुके
अब हम भी जानेवाले हैं, सामान तो गया

इसी प्रकार प्रश्नवाचक शब्दों जैसे ‘कैसी’, किसका’, और ‘क्या’ शब्दों का ऐसे प्रयोग किया है जिसे पढ़कर प्रश्न, विस्मय, व्यंग्य और छेड़छाड़ के अर्थ निकलते हैं। दो उदाहरण प्रस्तुत हैं—

व.फ़ा करेंगे, निबाहेंगे, बात मानेंगे
तुम्हें भी याद है कुछ ये कलाम किसका था

न पूछ-गछ थी किसी की वहां, न आवभगत
तुम्हारी बज़्म [16] में कल एहतमाम [17] किसका था

तमाम बज़्म जिसे सुनके रह गई मुश्ताक़ [18]
कहो वो तज़्किरा-ए-नातमाम [19] किसका था

अगरचे देखने वाले तेरे हज़ारों थे
तबाह हाल बहुत ज़ेर-ए-बाम [20] किसका था

हरेक से कहते हैं क्या ‘दाग़’ बेव.फ़ा निकला
ये पूछे उनसे कोई, वो ग़ुलाम किसका था

मिल गई बेख़ुदी-ए-शौक़ में राहत कैसी
हो गई दोनों जहां से मुझे फ़ुरसत कैसी

बन्दा चाहे जो ख़ुदाई कोई मिल सकती है
लोग क़िस्मत को लिए फिरते हैं, क़िस्मत कैसी

---

13. संदेशवाहक 14-15. ताक़त 16.सभा 17.प्रबंध 18.उत्सुक 19.अधूरी चर्चा 20.छत के नीचे

ख़्वाब में भी जो बुरा उसने कहा, सबने सुना
जल्द होती है बुरी बात की शोहरत कैसी

थे कहां रात को, आईना तो लेकर देखो
और होती है ख़तावार की सूरत कैसी

निगह-ए-यार को मैं दिल में जगह दूं लेकिन
चोर हो जब कोई मेहमान तो इज़्ज़त कैसी

छेड़ हर वक़्त की अच्छी नहीं ये याद रहे
कभी कैसी है, कभी अपनी तबीयत कैसी

धमकियां देते हो तुम जज़्बा-ए-दिल की ऐ 'दाग़'
बन्दा परवर, ये मोहब्बत में हुकूमत कैसी

'दाग़' की शायरी में भाषा के लालित्य के अलावा एक गुण और है, और वह उसका तेवर है। 'दाग़' को इस बात में निपुणता हासिल थी कि वे कितनी ही मामूली बात क्यों न कहें, उसके तेवर और बांकपन से पूरी बात अनूठी बन जाती थी। एक उदाहरण प्रस्तुत है—

सुनाई जाती हैं दर परदा गालियां मुझको
कहूं जो मैं, तो कहें आपसे कलाम नहीं

इसी प्रकार नीचे के दो शे'रों में मुहावरेदारी और क़ाफ़ियाबंदी ग़ौरतलब है—
दिल में समा गई हैं क़यामत की शोख़ियां
दो-चार दिन रहा था किसी की निगाह में

आती है बात बात मुझे याद बार बार
कहता हूं दौड़ दौड़ के क़ासिद से राह में

'दाग़' ने इस शे'र में जो हाल बयान किया है, वह स्वाभाविक है और जो लोग इस अनुभव से गुज़र चुके हैं, इस शे'र की स्वाभाविकता की पुष्टि

करेंगे। यही स्वाभाविकता और बयान की सच्चाई मिर्ज़ा 'दाग़' को अपने समकालीनों से अलग करती है। 'दाग़' का बचपन और युवावस्था का कुछ हिस्सा लाल क़िला और रामपुर के दरबारों में गुजरा। वहां की रंगीनी और अय्याशी के माहौल का उनके जीवन पर असर पड़ा। कुछ तवाइफ़ों को उन्होंने बाक़ायदा नौकर रखा था जो उन्हीं की ग़ज़लें गाती थीं। उनकी शायरी भी ऐसी ही औरतों के प्रेम को प्रकट करती है। इसी कारण 'चकबस्त' ने *मज़ामीन-ए-चकबस्त* में 'दाग़' की शायरी की आलोचना की है और उसे बाज़ारू और अय्याशाना बताया है। जहां तक ज़बान की सादगी, शे'र की चुस्त बन्दिश और तेवरों का सम्बन्ध है, उनके समकालीन शायरों (जैसे 'अमीर' मीनाई और 'रियाज़' ख़ैराबादी) और शागिर्दों (जैसे 'नूह' नारवी, 'एहसन' मारहरवी, 'नसीम' भरतपुरी और आग़ा शायर क़ज़लबाश) में ये सभी गुण थोड़े-बहुत मिलते हैं, लेकिन 'दाग़' की शायरी में जो भाव हैं, वे स्वयं उनके द्वारा अनुभव किए गए हैं। इसीलिए उनकी शायरी में बयान की सच्चाई है जो उन्हें ऐसे अन्य शायरों से अलग और श्रेष्ठ सिद्ध करती है, जिन्होंने संयमपूर्ण जीवन जिया लेकिन शराब और शबाब की तारीफ़ में दीवान लिख डाले। उनके कटु आलोचक 'चकबस्त' ने भी माना है कि 'दाग़' का कलाम शुरू से आख़िर तक उनकी तबीयत के क़ुदरती रंग में डूबा हुआ है।

'दाग़' की शायराना हैसियत को इस्लाह के दृष्टिकोण से भी आंका जा सकता है। शे'र को समझ और परख कर उसके दोषों को दूर करना और उसे चमकाना ही इस्लाह है और यह काम एक निपुण उस्ताद ही कर सकता है। दर-अस्ल इस्लाह लेनेदेने का रिवाज उर्दू शायरी में शुरू से ही है। 'दाग़' के शिष्य समस्त भारत में फैले हुए थे और डाक द्वारा अपनी रचनाएं भेजकर इस्लाह लेते थे। 'दाग़' ने बाक़ायदा एक रजिस्टर रखा हुआ था जिसमें उनके ऐसे सभी शिष्यों के विवरण दर्ज किए जाते थे और शिष्यों को सलाह दी जाती थी कि सरल उर्दू का प्रयोग करें। ('एहसन' मारहरवी के अनुरोध पर 'दाग़' ने ऐसा एक हिदायतनामा लिखा जो *यादगार-ए-'दाग़'* में संकलित है।) साथ ही शे'र की चुस्त बंदिश और आन्तरिक सौंदर्य का विशेष ध्यान रखा जाता था। उनके द्वारा दी गई दो इस्लाहों के उदाहरण नीचे दिए जाते हैं—

एहसन मारहरवी—देखने के लिए आया है ज़माना उसको
एक तमाशा है मुसाफ़िर भी सफ़र से पहले

संशोधित शे'र— देखने के लिए आता है ज़माना उसको
एक तमाशा है मुसाफ़िर भी सफ़र से पहले

शायर का अभिप्राय है कि इंसान की बीमारी में या मृत्यु से पहले लोग उसे देखने आए हैं (अथवा केवल वर्तमान काल का ज़िक्र है)। 'दाग़' ने एक छोटा-सा संशोधन ('आया है' के स्थान पर 'आता है') करके शे'र को उच्च कोटि का बना दिया है। अब यह स्पष्ट है कि तमाशाई भविष्य में भी आते रहेंगे।

हिज्र शाहजहांपुरी—ऐ हुस्न-ए-यार तेरी ज़रा भी ख़ता नहीं
मैं हुस्न-ए-इत्तिफ़ाक़ से दीवाना हो गया

संशोधित शे'र—हां हां तुम्हारे हुस्न की कोई ख़ता नहीं
मैं हुस्न-ए-इत्तिफ़ाक़ से दीवाना हो गया

भाषा के छोटे से परिवर्तन ने शे'र को उच्च कोटि का बना दिया है। इसके अतिरिक्त शे'र में बांकपन और तेवर आ गए हैं।

उन्नीसवीं सदी में लखनऊ और दिल्ली अपनी अलग-अलग शैली के कारण उर्दू शायरी के दो अलग-अलग स्कूल बन गए थे, जिनका प्रतिनिधित्व क्रमश:—'नासिख़' और 'आतिश' तथा 'ग़ालिब' और 'दाग़' करते थे। बाद में अपनी विशिष्ट शैली, सरल, मुहावरेदार और लालित्यपूर्ण भाषा के कारण 'दाग़' स्वयं ही एक संस्था बन गए। उनके सैकड़ों शिष्य ('साइल' देहलवी, 'बेख़ुद' बदायूंनी, 'नूह' नारवी, आग़ा शायर क़ज़लबाश, 'नसीम' भरतपुरी, 'सीमाब' अकबराबादी आदि) थे, जिन्होंने न केवल उनकी परम्परा को आगे बढ़ाया बल्कि 'इक़बाल' और 'जिगर' जैसे शिष्य भी थे जिन्होंने उसे एक नई दिशा दी। देखा जाए तो उर्दू भाषा के विकास में 'दाग़' का एक बहुत बड़ा योगदान यही है कि उन्होंने एक ऐसी शिष्य परम्परा विकसित की जिसने उर्दू को सरकारी भाषा के सीमित दायरे से निकालकर भारत के जनसाधारण

की प्रिय भाषा बना दिया। मिर्ज़ा 'ग़ालिब' भी उर्दू के विकास में 'दाग़' के योगदान के क़ायल थे। मोहम्मद निसार अली 'शोहरत' ने *आईना-ए-'दाग़'* में मिर्ज़ा 'ग़ालिब' से अपनी एक मुलाक़ात का ज़िक्र किया है जिसमें उन्होंने 'ग़ालिब' से पूछा था कि 'दाग़' की उर्दू कैसी है। मिर्ज़ा 'ग़ालिब' का जवाब था—बहुत उम्दा। 'ज़ौक़' ने उर्दू को अपनी गोद में पाला था, 'दाग़' उसको न फ़क़त पाल रहा है बल्कि उसको तालीम भी दे रहा है।

'दाग़' के कलाम से दो-चार होते हुए पाठक ख़ुद देखेंगे कि मिर्ज़ा 'ग़ालिब' ने उर्दू के विकास में 'दाग़' के योगदान का पहले ही से कितना सही मूल्यांकन कर लिया था। ख़ुद 'दाग़' को भी इसका एहसास था—

उर्दू है जिसका नाम हमीं जानते हैं 'दाग़'
हिन्दोस्तां में धूम हमारी ज़बां की है

ग़ज़लें

1

बला से जो दुश्मन हुआ है किसी का
वो काफ़िर सनम क्या ख़ुदा है किसी का

दुआ मांग लो तुम भी अपनी जुबां से
कि पूरा हो जो मुद्दआ है किसी का

ज़रा डाल दो अपनी ज़ुल्फ़ों का साया
मुक़द्दर बहुत नारसा[1] है किसी का

मेरी बज़्म में आके वो पूछते हैं
बुरा हाल हमने सुना है किसी का

बचे जान किस तरह तेरी अदा से
क़ज़ा[2] पर कहीं बस चला है किसी का

मेरी इल्तिजा[3] पर बिगड़ कर वो बोले
नहीं मानते, इसमें क्या है किसी का

सुना करते हैं, छेड़ कर, गालियां हम
वगरना कोई सर फिरा है किसी का

वो करने लगे हैं क़यामत[4] की बातें
ये सच है तो बस फ़ैसला है किसी का

वो कब तक रहेगा ज़माने का दुश्मन
हमेशा ज़माना रहा है किसी का

बज़ाहिर न जाने, न जाने, न जाने
तुझे 'दाग़' दिल जानता है किसी का

---

1. बिगड़ा हुआ 2. मृत्यु 3. प्रार्थना 4. प्रलय

2

नब्ज़-ए-बीमार कभी, और कभी दिल देखा
फिर किया क़त्ल नया, आपको क़ातिल देखा

मौत भी छू न सकी मुझको रह-ए-उल्फ़त[1] में
मैंने फिर फिर के अजल[2] को कई मंज़िल देखा

बज़्म-ए-अग़्यार[3] में तारीफ़ मेरी होती है
आज ये तुर.फ़ा तमाशा[4] सर-ए-महफ़िल देखा

क्या समझते नहीं ज़ाहिर की मुलाक़ातों को
दिल तुम्हारा न मिला हमने गले मिल देखा

नाख़ुदा से कहो बहने दे हमारी कश्ती
हमने गिरदाब[5] जो देखा लब-ए-साहिल[6] देखा

क्या दिलावर[7] है, कोई उसका कलेजा देखे
जिसने बेताब मोहब्बत में मेरा दिल देखा

गालियां देते हो फिर कहते हो ये भी मुझसे
हमने तुझको इसी लायक़, इसी क़ाबिल देखा

इश्क़ की चोट को दिल है, सर ओ गर्दन तो नहीं
जिसने तलवार न खाई उसे बिस्मिल[8] देखा

1.प्रेम-मार्ग 2. मृत्यु 3. ग़ैरों की महफ़िल 4. आश्चर्यजनक तमाशा 5. भंवर 6. किनारे
7. साहसी 8. घायल

3

ग़ज़ब किया तेरे वादे पे एतबार किया
तमाम रात क़यामत का इन्तिज़ार किया

किसी तरह जो न उस बुत ने एतबार किया
मेरी वफ़ा ने मुझे ख़ूब शर्मसार किया

तुझे तो वादा-ए-दीदार हमीं से करना था
ये क्या किया कि जहां को उमीदवार किया

ये किसने जलवा हमारे सर-ए-मज़ार किया
कि दिल से शोर उठा हाय बेक़रार किया

तड़प फिर ऐ दिल-ए-नादां कि ग़ैर कहते हैं
अख़ीर कुछ न बनी, सब्र इख़्तियार किया

न उसने दिल से मिटाया कि साफ़ हो जाता
सबा ने ख़ाक-ए-परीशां मेरा ग़ुबार किया

हम ऐसे महव-ए-नज़ारा[1] न थे जो होश आता
मगर तुम्हारे तग़ाफ़ुल[2] ने होशियार किया

हुआ है कोई मगर उसका चाहने वाला
कि आस्मां ने तेरा शेवा इख़्तियार किया

रक़ीब ओ शेवा-ए-उलफ़त[3] ख़ुदा की क़ुदरत है
वो और इश्क़? भला तुमने एतबार किया

फ़साना-ए-शब-ए-ग़म उनको एक कहानी थी
कुछ एतबार किया, कुछ न एतबार किया

---

1. तल्लीन 2. उपेक्षा 3. प्रेम की आदत

4

हमने उसके सामने पहले तो ख़ंजर रख दिया
फिर कलेजा रख दिया, दिल रख दिया, सर रख दिया

देखिये अब ठोकरें खाती है किस किस की निगाह
रोज़न-ए-दीवार[1] में ज़ालिम ने पत्थर रख दिया

ज़ुल्फ़ ख़ाली, हाथ ख़ाली, किस जगह ढूँढें उसे
तुमने दिल ले के कहां ऐ बन्दा परवर रख दिया

मुन्सिफ़ी[2] हो तो ग़ज़ब, नामुन्सिफ़ी हो तो सितम
उसने मेरा फ़ैसला मौक़ूफ़[3] मुझ पर रख दिया

नामाबर कहता है मुझसे क्या करामत[4] है तुझे
जो वो लिखते वो भी तुमने ख़त में लिख कर रख दिया

ज़िब्ह[5] करते ही मुझे क़ातिल ने धोये अपने हाथ
और खूं-आलूदा[6] ख़ंजर ग़ैर के घर रख दिया

शाम से ही लोटना है मुझको अंगारों पे आज
इसलिए मैंने अलग तह करके बिस्तर रख दिया

कल छुड़ा लेंगे ये ज़ाहिद[7], आज तो साक़ी के हाथ
रहन एक चुल्लू पे हमने हौज़-ए-कौसर[8] रख दिया

ज़िन्दगी में पास से दम भर न होते थे जुदा
क़ब्र में तन्हा मुझे यारों ने क्योंकर रख दिया

'दाग़' की शामत जो आई, इज़्तिराब-ए-शौक़[9] में
हाल-ए-दिल कमबख़्त ने सब उनके मुंह पर रख दिया

---

1. दीवार का छेद 2. न्याय 3. निर्भर 4. चमत्कार 5. वध 6. ख़ून से सना हुआ 7. संयमी
8. स्वर्ग में मिलने वाले ठंडे पानी का कुंड 9. प्रेम की बेचैनी

5

सुन सुन के तेरे इश्क़ में अग़्यार[1] के ताने
मेरा ही कलेजा है कि मैं कुछ नहीं कहता

बन आई है जो चाहे कहें हज़रत-ए-वाइज़[2]
अंदेशा-ए-उक़्बा[3] है कि मैं कुछ नहीं कहता

उनका यही सुनना है कि वो कुछ नहीं सुनते
मेरा यही कहना है कि मैं कुछ नहीं कहता

देखो तो ज़रा चश्म-ए-सुख़नगो[4] के इशारे
फिर तुम को ये दावा है कि मैं कुछ नहीं कहता

ख़त में मुझे अव्वल तो सुनाई हैं हज़ारों
आख़िर यही लिखा है कि मैं कुछ नहीं कहता

तुमको यही शायां[5] है कि तुम देते हो दुश्नाम
मुझको यही ज़ेबा[6] है कि मैं कुछ नहीं कहता

खामोश किया छेड़ के ज़ालिम ने शब-ए-वस्ल[7]
वो तज़्किरा[8] छेड़ा है कि मैं कुछ नहीं कहता

ये ख़ूब समझ लीजिए ग़म्माज़[9] वही है
जो आपसे कहता है कि मैं कुछ नहीं कहता

दुनिया मुझे कहती है बुरा हाज़िर ओ ग़ायब[10]
समझो तो सबब क्या है कि मैं कुछ नहीं कहता

मुश्ताक़[11] बहुत हैं मेरे कहने के पर ऐ 'दाग़'
ये वक़्त ही ऐसा है कि मैं कुछ नहीं कहता

---

1. ग़ैर का बहुवचन 2. धर्मोपदेशक 3. परलोक की चिंता 4. बोलती हुई नज़र 5. उचित
6. शोभा देना 7. मिलन की रात 8. चर्चा 9. चुग़लख़ोर 10. उपस्थित और अनुपस्थित 11. उत्सुक

6

वो जलवा तो ऐसा है कि देखा नहीं जाता
आँखों को मगर दीद[1] का लपका[2] नहीं जाता

क्या ख़ाक करूं उनसे तग़ाफुल[3] की शिकायत
ये हाल ही ऐसा है कि देखा नहीं जाता

आग़ोश में लूं, पांव पड़ूं, खींच लूं दामन
हाथ आए जो तुझसा उसे छोड़ा नहीं जाता

ये दाग़ मिटाए नहीं मिटता, नहीं मिटता
ये दर्द-ए-मोहब्बत नहीं जाता, नहीं जाता

ये भी है नई उनको नज़ाकत की शिकायत
कहते हैं : 'तेरे दिल को सताया नहीं जाता'

कहता हूं तो रुकती है ज़बां सामने उसके
लिखता हूं अगर हाल तो लिखा नहीं जाता

मैं वज़अ[4] का पाबन्द हूं गो जान भी जाए
जब कोई बुलाने नहीं आता, नहीं जाता

आशिक़ से किसी बात में क़ायल नहीं होते
माशूक़ों का हर हाल में दावा नहीं जाता

हम जान से जाते हैं मोहब्बत में किसी की
अपना है ज़रर[5], कुछ भी किसी का नहीं जाता

वो कहते हैं क्या जौर[6] उठाओगे तुम ऐ 'दाग़'
तुमसे तो मेरा नाज़ उठाया नहीं जाता

---

1. दर्शन 2. इच्छा 3. उपेक्षा 4. व्यवहार निभाना 5. नुक़सान 6.अत्याचार

7

इशारा उस निगह का रूह अफ़्ज़ा[1] हो नहीं सकता
कि जादूगर से एजाज़-ए-मसीहा[2] हो नहीं सकता

वो दुनिया थी कि हमको देखकर तुम मुंह छुपाते थे
ये महशर[3] है, यहां आशिक़ से परदा हो नहीं सकता

बिगड़ जाती है आदत, बेवफ़ाई आ ही जाती है
तुम्हारा होके फिर ये दिल हमारा हो नहीं सकता

ज़हे क़िस्मत[4] कि उसने वस्ल के दिन मेहरबां होकर
किया एहसान ऐसा जिसका बदला हो नहीं सकता

गए वो उठके पहलू से तो ये कहते गए मुझसे
ज़रा सा सब्र कर लो, तुमसे इतना हो नहीं सकता

मोहब्बत आदमी से आदमी को हो ही जाती है
जो कर रखे तो क्या कोई किसी का हो नहीं सकता

पड़ा था ग़ैर की गरदन में क्या? कुछ हमसे तो कहिये
ये कैसा दर्द है, क्यों हाथ सीधा हो नहीं सकता?

हमें भी नामाबर[5] के साथ जाना था, बहुत चूके
न समझे हम कि ऐसा काम तनहा हो नहीं सकता

लिया था देखने को दिल उन्होंने, अब नहीं देते
मेरा ये हाल है मुझसे तक़ाज़ा हो नहीं सकता

सवाल-ए-वस्ल[6] पर ऐ 'दाग़' दिल की रह गई दिल में
कहा मुंह फेर कर ज़ालिम ने, ऐसा हो नहीं सकता

---

1. प्राणवर्धक 2. मृतक को जीवित करने का चमत्कार 3. प्रलय का मैदान 4. अहोभाग्य
5. संदेशवाहक 6. मिलन की याचना

8

दिल-ए-नाकाम[1] के हैं काम ख़राब
कर लिया आशिक़ी में नाम ख़राब

जिस्म है चोर, चश्म-ए-यार शरीर[2]
हुस्न का सब है इन्तिज़ाम ख़राब

देखकर जिन्स-ए-दिल[3] वो कहते हैं
क्यों करे कोई अपने दाम ख़राब

अब्र-ए-तर[4] से सबा ही अच्छी थी
मेरी मिट्टी हुई तमाम ख़राब

क्या मिला हम को ज़िन्दगी के सिवा
वो भी दुश्वार[5], नातमाम[6], ख़राब

चाल की रहनुमा-ए-इश्क़[7] ने भी
वो दिखाया जो था मक़ाम[8] ख़राब

'दाग़' है बदचलन तो होने दो
सौ में होता है एक ग़ुलाम ख़राब

---

1. असफल हृदय 2. चंचल 3. दिल की चीज़ 4. भीगी घटा 5. कठिन 6. अधूरी 7. प्रेम का पथ प्रदर्शक 8. मंज़िल, पड़ाव

9

जांच लो हाथ में पहले दिल-ए-शैदा[1] लेकर
नहीं फिरने का मेरी जान ये सौदा लेकर

मुझ गरांबार-ए-मोहब्बत[2] के बनें लाख मज़ार
पहुंचूं जन्नत में सहारे पे सहारा लेकर

आँख का है ये इशारा कि न छोड़ें दिल को
मुंह से कहते हैं करे कोई इसे क्या, लेकर

ख़त के ले जाने से ईमान नहीं जाने का
कोई जाता ही नहीं बन्दा ख़ुदा का, लेकर

दिल का सौदा जो करे तुमसे वो सौदाई[3] है
दाम देते ही नहीं माल पराया लेकर

सुनके वो हाल मेरा, ग़ैर से फ़रमाते हैं
आए हैं आप मोहब्बत का सन्देसा लेकर

दस्त-ए-मिज़गाँ[4] न संभाले तो न संभले हरगिज़
चश्म-ए-बीमार[5] भी उठती है सहारा लेकर

ऐसे लेने से तो है जान का देना अच्छा
क्या जिए गर जिए एहसान किसी का लेकर

अपनी आँखों से तो देखी नहीं दिल की चोरी
क्यों गुनाहगार हूं मैं नाम किसी का लेकर

शर्त-ए-इन्साफ़[6] है ये, 'दाग़' का दावा है बजा[7]
आदमी इश्क़ करे नाम हमारा लेकर

---

1. आतुर, मुग्ध 2. प्रणय के बोझ से दबा हुआ 3. पागल 4. पलक रूपी हथेलियां 5. बीमार आँख 6. इन्साफ़ की गारन्टी 7. उचित

10

मेरे दिल को देखकर, मेरी वफ़ा को देखकर
बन्दा परवर[1], मुन्सिफ़ी[2] करना ख़ुदा को देखकर

दिल लगाना था ज़माने की हवा को देखकर
आशना[3] को देखकर, ना-आशना[4] को देखकर

कूचा-ए-दुश्मन से ये आती न हो या रब कहीं
जी उड़ा जाता है कुछ, बाद-ए-सबा[5] को देखकर

बदगुमां मेरी तरफ़ से हैं वो मुझसे भी सिवा[6]
राह चलते हैं तो मेरे नक़्श-ए-पा[7] को देखकर

गर्दिश-ए-गरदूं[8] का बाइस[9] और कुछ खुलता नहीं
भागता फिरता है ये तेरी जफ़ा को देखकर

कूचा-ए-जानां[10] के बदले कू-ए-दुश्मन[11] में न जाए
ख़ाक होना है हमें, लेकिन हवा को देखकर

ग़ैर ने की बेवफ़ाई, सबकी शामत[12] आ गई
आग हो जाते हैं वो अहल-ए-वफ़ा[13] को देखकर

उसने हैरत से कहा, देखी जो लैला की शबीह[14]
क़ैस दीवाना हुआ था इस बला को देखकर

ग़ैर ने मेहंदी लगाई उसके हाथों में जो 'दाग़'
ख़ून आँखों में उतर आया हिना को देखकर

---

1. भक्त वत्सल 2. न्याय 3. परिचित 4. अपरिचित 5. प्रात: समीर 6. अधिक 7. क़दमों के निशान 8. आकाशीय चक्र 9. कारण 10. प्रेमिका की गली 11. दुश्मन की गली 12. दुर्भाग्य 13. वफ़ादार लोग 14. तस्वीर

11

भवें तनती हैं, ख़ंजर हाथ में है, तन के बैठे हैं
किसी से आज बिगड़ी है कि वो यूं बन के बैठे हैं

इलाही! क्यों नहीं उठती क़यामत, माजरा क्या है
हमारे सामने पहलू में वो दुश्मन के बैठे हैं

निगाह-ए-शोख़ चश्म-ए-शौक़ में दर परदा छुपती है
कि वो चिलमन[1] में हैं, नज़दीक हम चिलमन के बैठे हैं

ज़फ़ूसू[2] है, या दुआ है, ये मुअम्मा[3] खुल नहीं सकता
वो कुछ पढ़ते हुए आगे मेरे मदफ़न[4] के बैठे हैं

बहुत रोया हूं मैं, जब से ये मैंने ख़्वाब देखा है
कि आप आँसू बहाए सामने दुश्मन के बैठे हैं

तलाश-ए-मंज़िल-ए-मक़सद[5] की गरदिश उठ नहीं सकती
कमर खोले हुए रस्ते में हम रहज़न[6] के बैठे हैं

किसी की शामत[7] आएगी, किसी की जान जाएगी
किसी की ताक में वो बाम[8] पर बन ठन के बैठे हैं

कोई छींटा पड़े तो 'दाग़' कलकत्ते चले जाएँ
अज़ीमाबाद[9] में हम मुंतज़िर[10] सावन के बैठे हैं

---

1. पर्दा 2. जादू 3. रहस्य 4. क़ब्र 5. आशय 6. रास्ते में लूटने वाला 7. दुर्भाग्य 8. छत 9.पटना शहर का पुराना नाम 10. प्रतीक्षारत

12

साफ़ कब इम्तिहान लेते हैं
वो तो दम[1] देके जान लेते हैं

तुम तग़ाफ़ुल[2] करो रक़ीबों से
जानने वाले जान लेते हैं

अपने बिस्मिल[3] का सर है ज़ानू पर
किस मोहब्बत से जान लेते हैं

फिर न आना अगर कोई भेजे
नामाबर[4] से ज़बान लेते हैं

कर गुज़रते हैं, हो बुरी कि भली
दिल में जो कुछ वो ठान लेते हैं

वो झगड़ते हैं जब रक़ीबों[5] से
बीच में मुझको सान[6] लेते हैं

ज़िद हर एक बात पर नहीं अच्छी
दोस्त की दोस्त मान लेते हैं

मुस्तइद[7] हो के ये कहो तो सही
आइये! इम्तिहान लेते हैं

'दाग़' भी है अजीब सहर बयां[8]
बात जिसकी वो मान लेते हैं

---

1. छल 2. उपेक्षा 3. घायल 4. संदेशवाहक 5. प्रतिद्वन्द्वी 6. शामिल करना 7. तत्पर 8. जिसकी बातों में जादू हो

13

उज़्र[1] आने में भी है और बुलाते भी नहीं
बाइस-ए-तर्क-ए-मुलाक़ात[2] बताते भी नहीं

मुन्तज़िर[3] हैं दम-ए-रुख़सत[4] कि ये मर जाए तो जाएं
फिर ये एहसान कि हम छोड़ के जाते भी नहीं

सर उठाओ तो सही, आँख मिलाओ तो सही
नश्शा-ए-मय भी नहीं, नींद के माते[5] भी नहीं

क्या कहा? फिर तो कहो, हम नहीं सुनते तेरी
नहीं सुनते तो हम ऐसों को सुनाते भी नहीं

ख़ूब परदा है कि चिलमन[6] से लगे बैठे हैं
साफ़ छुपते भी नहीं सामने आते भी नहीं

देखते ही मुझे महफ़िल में ये इरशाद[7] हुआ
कौन बैठा है, इसे लोग उठाते भी नहीं

हो चुका क़ता-ए-ताअल्लुक़[8] तो जफ़ाएं[9] क्यों हों
जिनको मतलब नहीं रहता वो सताते भी नहीं

ज़ीस्त[10] से तंग हो ऐ 'दाग़' तो जीते क्यों हो
जान प्यारी भी नहीं जान से जाते भी नहीं

---

1. आपत्ति 2. मुलाक़ात तोड़ने का कारण 3. प्रतीक्षारत 4. विदा का समय 5. हार (नींद से हारे हुए भी नहीं) 6. चिक़ (परदा) 7. आज्ञा 8. संबंध विच्छेद 9. अत्याचार 10. जीवन

14

सब लोग, जिधर वो हैं उधर देख रहे हैं
हम देखने वालों की नज़र देख रहे हैं

हर चन्द[1] कि हर रोज़ की रंजिश है क़यामत
हम कोई दिन उसको भी मगर देख रहे हैं

ख़त ग़ैर का पढ़ते थे, जो टोका तो वो बोले
अख़बार का पर्चा है, ख़बर देख रहे हैं

कोई तो निकल आएगा सरबाज़-ए-मोहब्बत[2]
दिल देख रहे हैं वो जिगर देख रहे हैं

अब ऐ निगाह-ए-शौक़ न रह जाए तमन्ना
इस वक़्त इधर से वो उधर देख रहे हैं

कब तक है तुम्हारा सुख़न-ए-तल्ख़[3] गवारा
इस ज़हर में कितना है असर, देख रहे हैं

कुछ देख रहे हैं दिल-ए-बिस्मिल[4] का तड़पना
कुछ ग़ौर से क़ातिल का हुनर देख रहे हैं

क्यों कुफ़्र[5] है दीदार-ए-सनम, हज़रत-ए-वाइज़
अल्लाह दिखाता है, बशर[6] देख रहे हैं

पढ़ पढ़ के वो दम करते हैं कुछ हाथ पर अपने
हंस हंस के मेरा ज़ख़्म-ए-जिगर देख रहे हैं

मैं 'दाग़' हूं, मरता हूं, इधर देखिए मुझको
मुंह फेर के ये आप किधर देख रहे हैं

---

1. यद्यपि 2. प्रणय का बहादुर 3. कड़वी बात 4. घायल हृदय 5. अधर्म 6. मानव

15

क्या क्या फ़रेब दिल को दिए इज़्तिराब[1] में
उनकी तरफ़ से आप लिखे ख़त जवाब में

शोख़ी ने तुमको डाल दिया इज़्तिराब में
कुछ तमकनत[2] का लुत्फ़ न देखा शबाब में

क्या जाने क्या सिखाएंगे उनको सलाहकार
हर रोज़ गुफ़्तगू है नई मेरे बाब[3] में

हूरों का इन्तिज़ार करे कौन हश्र तक
मिट्टी की भी मिले तो रवा[4] है शबाब में

जी चाहता है छेड़ के हों उनसे हम-कलाम[5]
कुछ तो लगेगी देर सवाल ओ जवाब में

कोई गिला करेगा न ग़ुस्से की बात का
कहना है जो किसी को वो कह लो इताब[6] में

ऐ शेख़ जो बताए मय-ए-इश्क़[7] को हराम
ऐसे के दो लगाए भिगो कर शराब में

---

1. बेचैनी 2. अभिमान 3. संबंध 4. स्वीकार्य 5. किसी से बात करने वाला 6. क्रोध 7. प्रेम मदिरा

16

दैर[1] से काबे को डरते हुए हम जाते हैं
देख लेता है जो कोई वहीं थम जाते हैं

देखते ही मुझे महफ़िल में रक़ीबों[2] से कहा
फ़ितने[3] उठते हैं, जहां इनके क़दम जाते हैं

यूं तो दम भर नहीं आता उन्हें शोख़ी से क़रार
जब तसव्वुर[4] में वो आते हैं तो कम जाते हैं

मर गया मैं तो किस अफ़सोस से ज़ालिम ने कहा
हाथ आए हुए अंदाज़-ए-सितम जाते हैं

दिल का क्या हाल कहूं सुब्ह को जब उस बुत ने
लेकर अंगड़ाई कहा नाज़ से 'हम जाते हैं'

ख़ौफ़-ए-इस्यां[5] है कि मुर्दों ने कफ़न पहना है
भेस बदले तरफ़-ए-मुल्क-अदम[6] जाते हैं

हज़रत-ए-'दाग़', ये है कूचा-ए-क़ातिल[7], उठिए
जिस जगह बैठते हैं आप तो जम जाते हैं

---

1. बुतख़ाना, मूर्तिगृह 2. प्रतिद्वन्द्वी 3. उपद्रव 4. कल्पना 5. पाप का डर 6. परलोक की ओर
7. प्रेमिका की गली

17

तुमको चाहा तो ख़ता क्या है बता दो मुझको
दूसरा कोई तो अपना सा दिखा दो मुझको

अब ख़ुदा चाहे तो मैं तुमको न चाहूं हरगिज़
फिर ये तक़सीर[1] हो मुझसे तो सज़ा दो मुझको

कौन होता है कड़ी बात का सहने वाला
गालियां तुम को सिखा दीं, ये दुआ दो मुझको

बाग़-ए-फ़िरदौस[2] में भी बू-ए-वतन[3] याद रहे
इत्र मिट्टी का दम-ए-मर्ग[4] सुंघा दो मुझको

ग़ैर को दस्त-ए-हिनाई[5] न दिखाओ, देखो
गर लगानी है, यूं ही आग लगा दो मुझको

दिल में सौ शिकवा-ए-ग़म, पूछने वाला ऐसा
क्या कहूं हश्र के दिन, ये तो बता दो मुझको

मुझको मिलता ही नहीं मेहर[6] ओ मोहब्बत का निशां
तुमने देखा हो किसी में तो बता दो मुझको

हमदमो[7]! उनसे मैं कह जाऊंगा हालत दिल की
दो घड़ी के लिए दीवाना बना दो मुझको

तुम भी राज़ी हो, तुम्हारी भी ख़ुशी है कि नहीं
जीते जी 'दाग़' ये कहता है मिटा दो मुझको

---

1. अपराध 2. स्वर्ग का उपवन 3. देश की महक 4. मृत्यु का समय 5. मेहंदी लगा हाथ
6. मेहरबानी 7. हर समय का साथी, मित्र

18

आईना अपनी नज़र से न जुदा होने दो
कोई दम और भी आपस में ज़रा होने दो

कम निगही[1] में इशारा है, इशारे में हया[2]
या न होने दो मुझे चैन से, या होने दो

हाथ बांधे हुए अग़यार[3] के साथ आओगे
हम दिखा देंगे मज़ा, रोज़-ए-जज़ा[4] होने दो

हम भी देखें तो कहां तक न तवज्जोह[5] होगी
कोई दिन तज़्किरा-ए-अह्ल-ए-वफ़ा[6] होने दो

आँख मिलते ही कहूं ख़ाक हक़ीक़त दिल की
देख कर जलवा मेरे होश बजा[7] होने दो

तुम दिल-आज़ार[8] बने रश्क-ए-मसीहा[9] कब से
कम न होने दो, मेरा दर्द सिवा होने दो

मेरी आँखों पे, मेरे दिल पे न तुम रखो हाथ
हर्फ़-ए-मतलब[10] किसी सूरत से अदा होने दो

लुत्फ़ समझो तो रक़ीबों से भिड़ा दो मुझको
सैर[11] देखो तो कोई फ़ितना[12] बपा[13] होने दो

जब सुना 'दाग़' कोई दम[14] में फ़ना होता है[15]
उस सितमगर ने इशारे से कहा, ''होने दो''

---

1. उपेक्षा 2. शर्म 3. ग़ैर का बहुवचन 4. प्रत्युपकार का दिन 5. ध्यान देना 6. वफ़ादारों की चर्चा 7. ठीक 8. कष्टदायी 9. मसीहा को लज्जित करने वाले 10. मतलब की बात 11. मनोविनोद 12. उपद्रव 13. उपस्थित, क़ायम 14. क्षण 15. मृत्यु को प्राप्त होना

19

ग़ैर का शिकवा भी होता है तो किस लुत्फ़ के साथ
उनसे तारीफ़ का उन्वान[1] कहां जाता है

बाग़-ए-फ़िरदौस[2] में हूरों ने भी दिल लूट लिया
जो है तक़दीर का नुक़सान, कहां जाता है

हिज्र[3] के दिन की मुसीबत तो गुज़र जाएगी
वस्ल[4] की रात का एहसान कहां जाता है

बन्द करते हो जो हाथों से तुम आँखें मेरी
क्या कहूं मैं कि मेरा ध्यान कहां जाता है

आरज़ू वस्ल की होती है सिवा[5] बाद-ए-विसाल[6]*
जान जाती है ये अरमान कहां जाता है

वो भी दिन याद हैं ये कह के मनाते थे मुझे
"आ इधर, मैं तेरे क़ुर्बान, कहां जाता है"

---

1. शीर्षक, शैली 2. स्वर्ग का उपवन 3. विरह 4. मिलन 5. अतिरिक्त 6. मिलन, मृत्यु
* यहां श्लेष (pun) है। विसाल मृत्यु को भी कहते हैं।

20

काबे की है हवस कभी कू-ए-बुतां[1] की है
मुझको ख़बर नहीं मेरी मिट्टी कहां की है

पैग़ामबर[2] की बात का आपस में रंज क्या
मेरी ज़बां की है न तुम्हारी ज़बां की है

कुछ ताज़गी हो लज़्ज़त[3]-ए-आज़ार[4] के लिए
हर दम मुझे तलाश नए आसमां की है[5]

हसरत बरस रही है हमारे मज़ार पर
कहते हैं सब ये क़ब्र किसी नौजवां की है

वक़्त-ए-ख़िराम[6]-ए-नाज़ दिखा दो जुदा जुदा
ये चाल हश्र[7] की, ये रविश[8] आसमां की है

क़ासिद की गुफ़्तगू से तसल्ली हो किस तरह
छुपती नहीं वो बात जो तेरी ज़बां की है

सुनकर मेरा फ़साना-ए-ग़म उसने ये कहा
हो जाए झूठ सच, यही ख़ूबी बयां की है

क्योंकर न आए ख़ुल्द[9] से आदम ज़मीन पर
मौज़ूं[10] वहीं वो ख़ूब है जो शै[11] जहां की है

उर्दू है जिसका नाम हमीं जानते हैं 'दाग़'
हिन्दोस्तां में धूम हमारी ज़बां की है

---

1. प्रेमिका की गली 2. संदेशवाहक 3. स्वाद, आनंद 4. रोग, विपत्ति 5. उर्दू शायरी में आसमान विपत्ति लाने वाला समझा जाता है और इसे चर्ख़-ए-सितमगर भी कहा जाता है 6. चाल 7. क़यामत 8. शैली 9. स्वर्ग 10. उचित 11. चीज़

21

ये क्या कहा कि मेरी बला भी न आएगी
क्या तुम न आओगे तो क़ज़ा[1] भी न आएगी

क़ासिद[2] का इन्तिज़ार अबस[3], ये यक़ीन है
मुझ तक तो उस तरफ़ की हवा भी न आएगी

ज़ाहिद से कह दो रंज ओ मुसीबत की कर दुआ
इसके बग़ैर याद-ए-ख़ुदा भी न आएगी

ख़ुश हूं कि वो ख़याल में लाते नहीं मुझे
उनकी समझ में मेरी ख़ता भी न आएगी

कहने गए थे हाल मगर ये ख़बर न थी
मतलब की बात लब पे ज़रा भी न आएगी

आशिक़ तुम्हें सिखाते हैं अंदाज़-ए-दिलबरी[4]
गर दिल न आएगा तो अदा भी न आएगी

आँखें ख़ुदा ने दी हैं मुरव्वत[5] के वास्ते
ये क्या ख़बर थी तुझको हया[6] भी न आएगी

---

1. मृत्यु 2. संदेशवाहक 3. व्यर्थ 4. दिल उड़ा ले जाने का तरीक़ा 5. संकोच, लिहाज 6. शर्म
नोट : इस ग़ज़ल के पीछे एक घटना छिपी है। अख़्तर जान नाम की तवाइफ़ 'दाग़' साहब की नौकरी करती थी। बाद में उसने एक सेशन जज के यहां नौकरी कर ली। एक बार 'दाग़' साहब ने अपने एक नौकर को भेजकर उसे बुलवाना चाहा परंतु उसने इन्कार कर दिया और नौकर से कहा, ''जा, उनसे कह दे कि मेरी बला भी न आएगी''/ 'दाग़' ने इसी जवाब को क़ाफ़िये का जामा पहनाया है।

22

इनकार-ए-मयकशी ने मुझे क्या मज़ा दिया
सीने पे चढ़कर उसने ख़ुम-ए-मय[1] पिला दिया

एहसान मानता हूं सितम हाय ग़ैर का
बिगड़ा हुआ मिज़ाज तुम्हारा बना दिया

अपनी तो ज़िन्दगी है तग़ाफुल[2] की वज्ह से
वो जानते हैं ख़ाक में हमने मिला दिया

थोड़ी सी पी के तल्ख़ी-ए-मय का गिला रहा
जब मुंह को लग गई तो निहायत मज़ा दिया

तारीफ़-ए-जौर[3] और फिर इस शद्द ओ मद[4] के साथ
मेरी ज़बान ने मुझे झूठा बना दिया

यूं हो गई निजात[5] या तदबीर[6] बन पड़ी
नाले[7] को हमने ग़ैर के पीछे लगा दिया

वो नाज़ से ज़मीन पे रखते न थे क़दम
तारीफ़ करके और भी हमने उड़ा दिया

काम आ गया हुजूम[8] रक़ीबों की बज़्म में
उस फ़ितनागर की आँखों से मुझको छुपा दिया

यारों का मेरा साथ है मानिन्द-ए-बर्क़ ओ अब्र[9]
रोया किया बहुत, मुझे जिसने हंसा दिया

बख़्शा गया जो 'दाग़'-ए-सियाहकार[10] देखना
जन्नत कहेगी आग लगा दी, जला दिया

---

1. शराब का मटका 2. उपेक्षा 3. अत्याचार 4. ज़ोर शोर से 5. छुटकारा 6. उपाय 7. आर्तनाद
8. भीड़ 9. बिजली और बादल के समान 10. पापी

23

तू है मशहूर दिल-आज़ार[1] ये क्या
तुझ पर आता है मुझे प्यार ये क्या?

जानता हूं कि मेरी जान है तू
और मैं जान से बेज़ार[2] ये क्या?

तेरी आँखें तो बहुत अच्छी हैं
सब इन्हें कहते हैं बीमार ये क्या?

सर उड़ाते हैं वो तलवारों से
कोई कहता नहीं सरकार ये क्या!

ले लिए हमने लिपट कर बोसे[3]
वो तो कहते रहे हर बार ये क्या!

वहशत-ए-दिल के सिवा उलफ़त में
और हैं सैकड़ों आज़ार[4] ये क्या?

बातें सुनिए तो फड़क जाइयेगा
गर्म हैं 'दाग़' के अशआर ये क्या?

---

1. दिल दुखाने वाला 2. विमुख 3. चुम्बन 4. रोग, कष्ट

24

मैं राज़-ए-दिल बयान करूं अंजुमन[1] में क्या
तकिया कलाम आपका है हर सुख़न में ''क्या?''

है साथ साथ शाम-ए-ग़रीबी[2] के कुछ धुआं
यारों ने घर को आग लगा दी वतन में क्या?

फ़ितना[3], फ़साद[4], रश्क[5], तग़ाफ़ुल[6], ग़ुरूर[7], नाज़[8]
इसके सिवा है और तेरी अंजुमन[9] में क्या?

क़ासिद[10] के फ़ैसले से मेरे होश उड़ गए
क्या जाने कह दिया उसे दीवानेपन में क्या!

ग़ुरबत[11] में पूछ लेते हैं बाद-ए-सबा[12] से हम
रहता है ज़िक्र-ए-ग़ैर[13] हमारा वतन में क्या?

सुन सुन के मेरी शोख़ी-ए-तक़रीर[14] यूं कहा
तौबा है, ये ज़बान रहेगी दहन[15] में क्या!

ऐ 'दाग़' क़द्रदान-ए-सुख़न[16] अब वहीं तो हैं
तारीफ़ इस ग़ज़ल की न होगी दकन[17] में क्या!

---

1. महफ़िल 2. परदेस की शाम 3-4. उपद्रव 5. ईर्ष्या 6. उपेक्षा 7. अहंकार 8. अभिमान
9. महफ़िल 10. पत्रवाहक 11. प्रवास 12. प्रातःसमीर 13. शुभ चर्चा 14. लेख में ऐसे शब्दों
का प्रयोग जो शोख़ हों 15. मुंह 16. काव्य मर्मज्ञ 17. दक्षिण का अपभ्रंश (यहां 'हैदराबाद'
से आशय है)

25

तू ही अपने हाथ से जब दिलरुबा जाता रहा
दिल की भी परवा नहीं, जाता रहा, जाता रहा

दिल चुरा कर आप तो बैठे हुए हैं चैन से
ढूंढने वाले से पूछे कोई, क्या जाता रहा

मर्ग-ए-दुश्मन[1] का ज़्यादा तुम से है मुझको मलाल
दुश्मनी का लुत्फ़, शिकवे का मज़ा जाता रहा

जिस तवक़्क़ो[2] पर थी अपनी ज़िन्दगी वो मिट गई
जो भरोसा था हमें वो आसरा जाता रहा

हो सके मतलब निगारी क्या परेशांतब्अ[3] से
ज़ेहन में आते ही हर्फ़-ए-मुद्दआ[4] जाता रहा

अच्छी सूरत की रहा करती थी अकसर ताक झांक
रह गईं आँखें मगर वो देखना जाता रहा

किस क़दर उनको फ़िराक़-ए-ग़ैर[5] का अफ़सोस है
हाथ मलते मलते सब रंग-ए-हिना जाता रहा

---

1. दुश्मन की मौत 2. आशा 3. परेशान तबीयत वाला 4. मतलब की बात 5. ग़ैर व्यक्ति का वियोग

26

अब दिल है मक़ाम[1] बेकसी का
यूं घर न तबाह हो किसी का

किस किस को मज़ा है आशिक़ी का
तुम नाम तो लो भला किसी का

लेते नहीं बज़्म में मेरा नाम
कहते हैं ख़याल है किसी का

इतनी ही तो बस कसर है तुम में
कहना नहीं मानते किसी का

जीते हैं किसी की आस पर हम
एहसान है ऐसी ज़िन्दगी का

आग़ाज़[2] को कौन पूछता है
अंजाम भला हो आदमी का

रोकें उन्हें क्या कि है ग़नीमत
आना जाना कभी कभी का

कहते हैं उसे ज़बान-ए-उर्दू
जिसमें न हो रंग फ़ारसी का

ऐसे से जो 'दाग़' ने निभाई
सच है कि ये काम था उसी का

---

1. स्थान, ठिकाना 2. शुरुआत

27

ग़म उस पर आशकार[1] किया, हमने क्या किया
ग़ाफ़िल[2] को होशियार किया, हमने क्या किया

वादे पर इन्तिज़ार किया, हमने क्या किया
झूठे का एतबार किया, हमने क्या किया

हां हां तड़प तड़प के गुज़ारी तुम्हीं ने रात
तुमने ही इन्तिज़ार किया, हमने क्या किया

इतरा रहा है नक़्द-ए-मोहब्बत पे दिल बहुत
ओछे को मालदार किया, हमने क्या किया

आईना करके साफ़ दिल अपना दिखा दिया
क्यों उनको शर्मसार[3] किया, हमने क्या किया

क्या फ़र्ज़ था कि सब्र ही करते फ़िराक़ में
क्यों जब्र[4] इख़्तियार किया, हमने क्या किया

कहते हैं वो शिकायत-ए-बेदाद-ओ-जौर[5] पर
तुझको ख़ुदा ने ख़्वार[6] किया, हमने क्या किया

नासेह[7] भी है रक़ीब[8] ये मालूम ही न था
किसको सलाहकार किया, हमने क्या किया

---

1. प्रकट 2. बेख़बर 3. शर्मिन्दा 4. अत्याचार 5. अत्याचार की शिकायत 6. अपमानित
7. नसीहत देने वाला 8. प्रतिद्वन्द्वी

पहले तो मुनफ़इल[1] वो हुए फिर बिगड़ गए
क्यों शिकवा बार बार किया, हमने क्या किया

कह देंगे हम तो दावर-ए-महशर[2] से साफ़ साफ़
अच्छों को दिल ने प्यार किया, हमने क्या किया

रुसवा किया जो दिल ने तो अब कह रहे हैं 'दाग़'
दुश्मन को राज़दार किया, हमने क्या किया

---

1. शर्मिन्दा 2. ईश्वर

28

तुम्हारे ख़त में नया इक सलाम किसका था?
न था रक़ीब तो आख़िर वो नाम किसका था?

वो क़त्ल करके मुझे, हर किसी से पूछते हैं
ये काम किसने किया है? ये काम किसका था?

वफ़ा करेंगे, निबाहेंगे, बात मानेंगे
तुम्हें भी याद है कुछ ये कलाम किसका था?

रहा न दिल में वो बेदर्द और दर्द रहा
मुक़ीम[1] कौन हुआ है मक़ाम[2] किसका था?

न पूछगछ थी किसी की वहां, न आवभगत
तुम्हारी बज़्म में कल एहतमाम[3] किसका था?

तमाम बज़्म जिसे सुन के रह गई मुश्ताक़[4]
कहो वो तज़्किरा-ए-नातमाम[5] किसका था?

हमारे ख़त के तो पुर्ज़े किए, पढ़ा भी नहीं
सुना जो तूने ब-दिल वो पयाम[6] किसका था?

गुज़र गया वो ज़माना कहूं तो किससे कहूं
ख़याल दिल को मेरे सुब्ह शाम किसका था?

अगरचे देखने वाले तेरे हज़ारों थे
तबाह हाल बहुत ज़ेर-ए-बाम[7] किसका था?

हर इक से कहते हैं क्या 'दाग़' बेवफ़ा निकला
ये पूछे उनसे कोई वो ग़ुलाम किसका था?

---

1. रहने वाला 2. रहने की जगह 3. प्रबंध 4. उत्सुक 5. अधूरी चर्चा 6. संदेश 7. छत के नीचे

29

आईना-ए-दिल ने तमाशा किया
अपनी जगह से उसे देखा किया

सबने तो दीदार ख़ुदा का किया
मुझको भी देखा, तुझे देखा किया

तूने भी आशिक़ न किए इतने क़त्ल
हमने बहुत ख़ून-ए-तमन्ना किया

शिकवे से उसके हुए बदनाम सब
सौ में अगर एक ने ऐसा किया

देखते ही मुझको कहा रोज़-ए-हश्र[1]
तूने यहां भी हमें रुसवा किया

क़त्ल-ए-जहां उसके लिए खेल था
कौन कहे आपने ये क्या किया

गैर के आते ही वो तेवर न थे
तुमको इन्हीं बातों ने रुसवा किया

मर के हुईं ज़िन्दा बहुत हसरतें
शौक़ ने एजाज़-ए-मसीहा[2] किया

---

1. प्रलय के दिन 2. मसीहा का चमत्कार

रोज़-ए-क़यामत[1] वो दम-ए-बाज़पुर्स[2]
चश्म-ए-ग़ज़ब[3] से मुझे देखा किया

मैं सितम-ए-ग़ैर का शिकवा करूँ
और वो सुनकर कहे अच्छा किया

'दाग़' ने देखे हैं हज़ारों हसीं
आपने किस शख़्स से दावा किया

---

1. क़यामत का दिन 2. पूछताछ के समय 3. क्रुद्ध नज़र

30

उम्मीदवार हूं करम-ए-बेहिसाब का
पीता हूं डगडगा के प्याला शराब का

चर्चा है उनके घर में मेरे इज़्तिराब[1] का
देखा सुलूक इस दिल-ए-ख़ाना ख़राब का

बेकार मुफ़्त ख़ाक उड़ाती फिरी सबा
गोशा[2] उलट दिया न किसी की नक़ाब का

ये बात है बहार-ए-चमन ही के वास्ते
आता नहीं पलट के ज़माना शबाब का

उठा है ख़्वाब-ए-नाज़ से कोई जो दिन चढ़े
चमका हुआ है आज नसीब आफ़ताब[3] का

जब मैं करूं सवाल तो कहते हैं चुप रहो
क्या बात है, जवाब नहीं इस जवाब का

ख़ुशबू वही, वही है नज़ाकत, वही है रंग
माशूक़ क्या है, फूल है, तो भी गुलाब का

या तमकनत[4] समाई तबीयत में आपकी
या सब्र पड़ गया दिल-ए-पुर इज़्तिराब[5] का

---

1. बेचैनी 2. कोना 3. सूरज 4. घमण्ड 5. बेचैन दिल

रोज़ा रखें, नमाज़ पढ़ें, हज अदा करें
अल्लाह! ये सवाब भी है किस अज़ाब का

होने को तेरे चश्म-ए-तग़ाफ़ुल[1] में क़हर हो
हमसे मिले तो लुत्फ़ मिले कुछ इताब[2] का

उस बेक़रार दिल का इलाही इलाज क्या
जिसके शिकेब[3] पर हो गुमां इज़्तिराब का

ऐ ज़ुल्फ़-ए-यार वज़्ह भी कुछ पेच-ओ-ताब की
ऐ चश्म-ए-यार कोई सबब भी इताब का

---

1. उपेक्षा की नज़र 2. क्रोध 3. धीरज

31

कोई फिरे न क़ौल से बस फ़ैसला हुआ
बोसा हमारा, आज से दिल आपका हुआ

इस दिल्लगी में हाल जो दिल का हुआ, हुआ
क्या पूछते हैं आप तजाहुल[1] से, क्या हुआ

मातम हमारे मरने का उनकी बला करे
इतना ही कह के छुट गए वो : ये बुरा हुआ

इस पर भी तो नहीं है ग़म-ए-इश्क़ में कमी
खाता है इक जहान, तुम्हारा दिया हुआ

क्या ऐश-ए-जाविदां[2] कि ग़म-ए-जाविदां नहीं
इन्सान को है मौत का खटका लगा हुआ

बेगाना था तो कोई शिकायत न थी हमें
आफ़त तो ये हुई कि वो मिल कर जुदा हुआ

जिसने किया तपाक[3], उसी ने किया हलाक[4]
जो आशना हुआ, वही नाआशना हुआ

दुश्नाम[5] की भी आपसे किस को उम्मीद थी
हमने तो उस पे सब्र किया जो अता हुआ

---

1. लापरवाही 2. हमेशा रहनेवाला 3. स्वागत 4. क़त्ल 5. गाली

बेख़ुद रहे विसाल[1] में, बेहोश हिज्र[2] में
क्या जाने हम से कब वो मिला, कब जुदा हुआ

आबाद किस क़दर है इलाही अदम[3] की राह
हर दम मुसाफ़िरों का है तांता लगा हुआ

किस किस तरह से उसको जलाते हैं रात दिन
गो जानते हैं 'दाग़' है हम पर मिटा हुआ

---

1. मिलन 2. वियोग 3. परलोक

32

शोख़ी से ठहरती नहीं क़ातिल की नज़र आज
ये बर्क़-ए-बला[1] देखिए गिरती है किधर आज

वो जाते हैं आती है क़यामत की सहर[2] आज
रोता है गले मिलके दुआओं से असर आज

अंजाम-ए-मोहब्बत पे करें ख़ाक नज़र आज
इन्सान है मजबूर, नहीं कल की ख़बर आज

वादे पे मेरे उनके क़यामत की है तकरार
और बात है इतनी कि उधर कल है इधर आज

ये शौक़, ये अरमान, ये हसरत, ये तमन्ना
क्या हो मेरे क़ाबू में तुम आ जाओ अगर आज

नासेह ने मेरा हाल जो मुझसे बयां किया
आँसू निकल पड़े मेरे बेइख़्तियार आज

यां क़िस्सा अदम का है वहां क़त्ल का सामां
देखें तो सही किस की बंधे पहले कमर आज

मालूम नहीं कल मेरी तक़दीर में क्या है
ले नाला-ए-दिल आलम-ए-बाला[3] की ख़बर आज

---

1. विपत्ति की बिजली 2. प्रलय की सुबह 3. परलोक

33

मिली हमको जन्नत क़यामत के बाद
मिले क्या ख़ुदा जाने जन्नत के बाद

न हो मेहरबां, हो के नामेहरबां
अदावत[1] बुरी है मोहब्बत के बाद

हया के, तबस्सुम के, अग़माज़ के
मज़े ले रहा हूं शिकायत के बाद

अबस[2] उज़्र है, अब अबस लुत्फ़ है
करूं शुक्र क्योंकर, शिकायत के बाद

लड़ेंगे वो हूरों से फ़िरदौस[3] में
ये फ़ितना[4] उठेगा क़यामत के बाद

हुआ माना-ए-सैर[5] हुस्न ओ जमाल
न देखेंगे कुछ अच्छी सूरत के बाद

नहीं इसके ख़ूगर[6] हम ऐ आस्मां
न दे हमको तकलीफ़, राहत के बाद

वफ़ादार होते हैं देर-आशना
ये उक़दा[7] खुला एक मुद्दत के बाद

इसी का मज़ा हो तो क्या कीजिए
कहा मानते हैं वो हुज्जत[8] के बाद

तड़पना न देखा गया 'दाग़' का
हुआ ख़ातमा किस मुसीबत के बाद

---

1. शत्रुता 2. व्यर्थ 3. स्वर्ग 4. उपद्रव 5. सैर-सपाटे में बाधक 6. अभ्यस्त 7. गुत्थी 8. बहस

34

आए कोई तो बैठ भी जाए ज़रा सी देर
मुश्ताक़-ए-दीद[1] लुत्फ़ उठाए ज़रा सी देर

हंगाम-ए-नज़अ[2] उठ गए सब बैठ बैठ कर
बालीं[3] पे मेरी अपने पराए ज़रा सी देर

कुछ रह गया है क़िस्सा-ए-ग़म वो सुना तो दूं
काश उनको और नींद न आए ज़रा सी देर

रखते ही दिल पे दस्त-ए-हिनाई[4] उठा न तू
वो आग ख़ाक है कि जलाए ज़रा सी देर

फिरता है मेरे दिल में कोई हर्फ़-ए-मुद्दआ[5]
क़ासिद[6] से कह दो और न जाए ज़रा सी देर

होती हैं इतनी बात की बरसों शिकायतें
कोई अगर किसी को सताए ज़रा सी देर

सब ख़ाक ही में मुझको मिलाने को आए थे
ठहरे रहे न अपने पराए ज़रा सी देर

मैं कुछ तो ख़्वाब-ए-मर्ग[7] से हो जाऊं आशना[8]
फ़ुरक़त[9] की रात नींद जो आए ज़रा सी देर

तुमने तमाम उम्र जलाया है 'दाग़' को
क्या लुत्फ़ हो जो वो भी जलाए ज़रा सी देर

---

1. दर्शनाभिलाषी 2. मृत्यु के समय 3. सिरहाने 4. मेहंदी लगे हाथ 5. मतलब की बात
6. संदेशवाहक 7. मृत्यु के स्वप्न 8. परिचित 9. वियोग

35

तानाज़न क्यों न हो गुलज़ार पर
चोट है अपने दिल-ए-अफ़गार[1] पर

जब वो आए शोखी-ए-गुफ़्तार[2] पर
चल गई चाल अपनी भी रफ़्तार पर

सुबह को वो जाग कर फिर सो रहे
रह गया है आईना रुख़सार पर

उठ नहीं सकती हया के बोझ से
रहम आता है निगाह-ए-यार पर

हिज्र में हर सांस है एक तेग़-ए-तेज़[3]
ज़िन्दगी तलवार की है धार पर

दोस्त लाए उस गली से जब मुझे
जम गया साया मेरा दीवार पर

ज़ब्त से अश्कों के ताक़त आ गई
फिर गया पानी दिल-ए-बीमार पर

रोकता है जब हमें दरबान-ए-यार
शे'र लिख आते हैं हम दीवार पर

चश्म-ए-जानां से अलग हो ऐ हया
यूं झुके पड़ते नहीं बीमार पर

ग़ैर का क्यों ग़म किया कहते हैं वो
ख़ूब बरसे मेरे मातमदार पर

---

1. घायल हृदय 2. चंचल बातचीत 3. तेज़ धार वाली तलवार

36

ये छेड़ है क्या ज़ब्त-ए-फ़ुग़ां[1] हो नहीं सकता
हां कह तो दिया आपसे हां हो नहीं सकता

धोखा मुझे देती हैं ये भोली तेरी बातें
बेदाद[2] का ऐसे पे गुमां हो नहीं सकता

कहने के लिए आप हैं सुनने के लिए हम
जो हमने सुना है वो बयां हो नहीं सकता

जब दिल से निकालूं तो यही कहती है हसरत
मेहमान से ख़ाली ये मकां हो नहीं सकता

जो दिल में तुम्हारे है वही है मेरे दिल में
मैं कह दूं, अगर तुम से बयां हो नहीं सकता

ऐ 'दाग़' तुम्हें वस्ल की तदबीर[3] बता दी
तक़दीर का ज़िम्मा तो यहां हो नहीं सकता

---

1. आह 2. अत्याचार 3. उपाय

37

ये तौर दिल चुरा के हुआ उस निगाह का
जैसे क़सम के वक़्त हो झूठे गवाह का

क्या कर सके कोई सितम ओ लुत्फ़ की तमीज़
बिजली का कौंधना है वो फिरना निगाह का

दो दिन ही में मिज़ाज तुम्हारा बदल गया
क्यों जी! यही क़रार हुआ था निबाह का

वो तुम कि भागते थे लड़ाई के नाम से
किस तरह आ गया ये लड़ाना निगाह का

आता है अब तो ज़ोफ़[1] में आँसू भी इस तरह
जैसे मुसाफ़िर आए थका मांदा राह का

ऐ 'दाग़', दाग़-ए-इश्क़ की तारीफ़ क्या लिखूं
ये आफ़ताब है मेरे रोज़-ए-सियाह[2] का

---

1. कमज़ोरी 2. बुरा (अशुभ) दिन

38

उज़्र[1] उनकी ज़बान से निकला
तीर गोया कमान से निकला

ख़ार-ए-हसरत बयान से निकला
दिल का कांटा ज़बान से निकला

आ गया ग़श निगाह देखते ही
मुद्आ कब ज़बान से निकला

खा गए थे वफ़ा का धोखा हम
झूठ सच इम्तिहान से निकला

दिल में रहने न दूं तेरा शिकवा
दिल में आया, ज़बान से निकला

तुम बरसते रहे सर-ए-महफ़िल
कुछ भी मेरी ज़बान से निकला?

सच तो ये है मुआमला दिल का
बाहर अपने गुमान से निकला

समझो पत्थर की तुम लकीर उसे
जो हमारी ज़बान से निकला

---

1. आपत्ति

39

मेरे ही दम से मेहर[1] ओ वफ़ा का निशां है अब
तुझ सा अगर नहीं है तो मुझ सा कहां है अब

एक एक घड़ी है वादे की एक एक बरस मुझे
तुम दो घड़ी कहो मेरे विर्द[2]-ए-ज़बां है अब

क्या मर गया हूं देख तो ऐ चारागर मुझे
उनकी ज़बां से मेरी वफ़ा का बयां है अब

बाक़ी है आधी रात मगर इसका क्या जवाब
घबरा के वो ये कहते हैं वक़्त-ए-अज़ां[3] है अब

देखो ज़रा सी शर्म ने सब कुछ मिटा दिया
वो आँख, वो निगाह, वो चितवन कहां है अब

क्या लुत्फ़-ए-दोस्ती कि नहीं लुत्फ़-ए-दुश्मनी
दुश्मन को भी जो देखिए पूरा कहां है अब

लाया है मुझको बख़्त-ए-रसा[4] बज़्म-ए-ऐश में
मुझसे डरो कि दोस्त मेरा आस्मां है अब

तुमको यक़ीं नहीं तो न हो इसका क्या इलाज
कमबख़्त 'दाग़' तुमसे बहुत बदगुमां है अब

---

1. कृपा 2. बार-बार कहना 3. नमाज़ के बुलाने का समय 4. सौभाग्य

40

क्यों कहा था किसी से क्या मतलब
इसी कहने से खुल गया मतलब

बात पूरी नहीं कही मैंने
कि वो तर्रार[1] ले उड़ा मतलब

ख़ून होने को, ख़ाक होने को
या मेरा दिल है या मेरा मतलब

मिट गए एक ही तग़ाफ़ुल[2] में
शौक़, अरमान, मुद्दआ, मतलब

ग़ैर का ख़त भी चाक कर डाला[3]
मिल गया था जो कुछ मेरा मतलब

मर गया मुज़्दा-ए-विसाल[4] से मैं
यूं भी निकला रक़ीब[5] का मतलब

दिल में घुट घुट के रह गई हसरत
लब पे आ आ के रह गया मतलब

---

1. चालाक 2. उपेक्षा 3. फाड़ डाला 4. मिलन का संदेश 5. प्रतिद्वन्द्वी

41

हम मिट गए तो पुरसिश[1]-ए-नाम ओ निशां है अब
उसकी तलाश कर कि मोहब्बत कहां है अब

मैं क्या करूं बला से जो तू मेहरबां है अब
वो दिल कहाँ है अब, वो तबीयत कहां है अब

हरगिज़ न था ज़माना-ए-साबिक़[2] में ये फ़लक[3]
जिस आसमां की धूम थी वो आसमां है अब

तुम पारसा सही मगर इतना तो सोच लो
कुछ देख ही लिया है जो दिल बदगुमां है अब

अल्लाह! वो ज़माना-ए-तासीर[4] क्या हुआ
कहने के वास्ते मेरे लब पे फ़ुग़ां[5] है अब

दो ज़ालिमों में लाग हुई मेरे वास्ते
ना-मेहरबां वो हैं तो फ़लक मेहरबां है अब

मिलने के बाद रंज उठाए हैं इस क़दर
शुक्र-ए-विसाल भी मेरे लब पर फ़ुग़ां है अब

क्या क्या मिलाए ख़ाक में इन्सान चांद से
सच पूछिए अगर तो ज़मीं आस्मां है अब

मुद्दत हुई कि 'दाग़' को सुनते थे सू-ए-दैर[6]
क्या जाने वो ख़ुदाई का मारा कहां है अब

---

1. पूछताछ 2. भूतकाल 3. आकाश 4. प्रभात का समय 5. आह 6. मंदिर की ओर

42

मेहरबां हो के जब मिलेंगे आप
जो न मिलते थे सब मिलेंगे आप

बन के तेग़-ए-ग़ज़ब[1] मिलेंगे आप
यूं गले मुझसे कब मिलेंगे आप

ग़ैर से हो गए पयाम ओ सलाम
हैं ये मिलने के ढब, मिलेंगे आप

डरते डरते कहूंगा राज़-ए-निहां[2]
ख़्वाब में मुझसे जब मिलेंगे आप

दम-ए-रुख़सत[3] ये छेड़ तो देखो
मुझसे कहते हैं कब मिलेंगे आप

आप क्यों ख़ाक में मिलाते हैं
हम मुसीबत तलब[4], मिलेंगे आप

तेग़[5] तेरी खिंची रहे क़ातिल
बिस्मिल-ए-जां बलब[6] मिलेंगे आप

कारवां की तलाश क्या ऐ दिल
आके मंज़िल पे सब मिलेंगे आप

'दाग़' एक आदमी है गरमागरम
ख़ुश बहुत होंगे जब मिलेंगे आप

---

1. प्रकोप की तलवार 2. छुपा हुआ भेद 3. विदा के समय 4. विपत्ति के इच्छुक 5. तलवार
6. मृत:प्राय, घायल

43

आलम-ए-यास[1] में घबराए न इन्सान बहुत
दिल सलामत है तो हसरत बहुत, अरमान बहुत

क़त्ल होने न दिया शुक्र-ए-जफ़ा ने मुझको
काम आते हैं बुरे वक़्त में औसान[2] बहुत

सर उठाता नहीं तू शर्म-ए-जफ़ा[3] से ज़ालिम
या किए हैं किसी कमबख़्त ने एहसान बहुत

तुम कि बेदाद[4] करो और न शर्माओ ज़रा
हम कि नाकरदा गुनाह[5] और पशेमान[6] बहुत

हसरतें रोज़ नई दिल में भरी जाती हैं
थोड़े थोड़े भी हुए जाते हैं मेहमान बहुत

सोचिए दिल में तो है इश्क़ निहायत दुश्वार
न समझिए तो यही काम है आसान बहुत

वादा करते ही पलट जाओ हम इससे ख़ुश हैं
दिल-ए-ग़मगीं को ख़ुशी की तो है एक आन[7] बहुत

बज़्म-ए-अहबाब[8] में ऐ 'दाग़' कभी तो हंस बोल
देखते हैं तुझे हर वक़्त परेशान बहुत

---

1. निराशा की दशा में 2. संज्ञा, बुद्धि 3-4. अत्याचार 5. जिसने पाप न किया हो (बेक़सूर)
6. लज्जित, पछताने वाला 7. क्षण 8. मित्रों की सभा में

44

बज़्म-ए-दुश्मन[1] में न खिलना गुल-ए-तर की सूरत
जाओ बिजली की तरह, आओ नज़र की सूरत

न मिटाने से मिटी फ़ितना ओ शर[2] की सूरत
नज़र आती नहीं अब कोई गुज़र की सूरत

क्या ख़बर, क्या हुई फ़रयाद ओ असर की सूरत
कि इधर कब नज़र आती है उधर की सूरत

उसको देखे कोई महफ़िल में ये किसकी ताक़त
हर बशर[3] देखने लगता है बशर की सूरत

कोई दम, कोई घड़ी कल नहीं पड़ती दिल को
मैं बयां किससे करूं आठ पहर की सूरत

उनके जाने का वो सदमा, वो मेरी तन्हाई
और रोती हुई वो शम्म-ए-सहर[4] की सूरत

रश्क आईने से क्या, वह्म तो इस बात का है
तेरे दिल में न फिरे आईनागर[5] की सूरत

हाथ आँखों पे शब-ए-वस्ल[6] अबस[7] रखते हो
मेरी सूरत न सही देखो सहर की सूरत

---

1. शत्रु की सभा 2. लड़ाई-झगड़ा 3. व्यक्ति 4. सुबह का दीप 5. आईना बनाने वाला
6. मिलन की रात 7. व्यर्थ

आपने की हैं अबस शर्म से नीची आँखें
चुभ गई ये भी अदा दिल में, नज़र की सूरत

दर ओ दीवार का जलवा नहीं देखा जाता
उनके आते ही बदल जाती है घर की सूरत

हज़रत-ए-'दाग़' तो शायर हैं, हवा बांधते हैं
न दुआ की कोई सूरत, न असर की सूरत

45

बुत को बुत और ख़ुदा को जो ख़ुदा कहते हैं
हम भी देखें तो उसे देख के क्या कहते हैं

बज़्म-ए-अहबाब[1] ओ मय-ए-नाब[2] ओ विसाल-ए-माशूक़[3]
अब किसी शै में नहीं जिसको मज़ा कहते हैं

उसके हाथों से यही ज़िल्लत ओ ख़्वारी होगी
ग़ैर अपनी तो ख़बर लें, मुझे क्या कहते हैं

मैं गुनहगार अगर इश्क़-ए-मजाज़ी[4] है गुनाह
मैं ख़तावार अगर इसको ख़ता कहते हैं

दावा-ए-मेहर ओ वफ़ा उनकी ज़बां पर आया
और सुनिये कि वो मेरा ही कहा कहते हैं

वक़्त मिलने का जो पूछा तो कहा: कह देंगे
ग़ैर का हाल जो पूछा तो कहा: कहते हैं

चोट खाने से जो दिल टूट गया है अपना
लोग इसको भी तेरा अहद-ए-वफ़ा[5] कहते हैं

नहीं मिलता किसी मज़मून में अपना मज़मून
तर्ज़ अपनी है जुदा, सब से जुदा कहते हैं

पहले तो 'दाग़' की तारीफ़ हुआ करती थी
अब ख़ुदा जाने वो क्यों उसको बुरा कहते हैं

---

1. दोस्तों की महफ़िल 2. लाल रंग की शराब 3. प्रेमिका से मिलन 4. सांसारिक प्रेम
5. वफ़ा का वादा

46

बुतान-ए-माहवश[1] उजड़ी हुई मंज़िल में रहते हैं
कि जिसकी जान जाती है, उसी के दिल में रहते हैं

ज़मीं पर पांव नख़वत[2] से नहीं रखते परी पैकर[3]
ये गोया इस मकां की दूसरी मंज़िल में रहते हैं

मोहब्बत में मज़ा है छेड़ का लेकिन मज़े की हो
हज़ारों लुत्फ़ हर एक शिकवा-ए-बातिल[4] में रहते हैं

हज़ारों हसरतें वो हैं कि रोके से नहीं रुकतीं
बहुत अरमान ऐसे हैं कि दिल के दिल में रहते हैं

मुहीत-ए-इश्क़[5] की हर मौज तूफ़ांख़ेज़[6] ऐसी है
वो हैं गिरदाब[7] में जो दामन-ए-साहिल में रहते हैं

खुदा रखे मोहब्बत ने किए आबाद दोनों घर
मैं उनके दिल में रहता हूं, वो मेरे दिल में रहते हैं

जो होती ख़ूबसूरत तो न छुपती क़ैस से लैला
मगर ऐसे ही वैसे परदा-ए-महमिल[8] में रहते हैं

हमारे साये से बचता है हर एक बज़्म में उसकी
हमें देखो कि हम तन्हा भरी महफ़िल में रहते हैं

फ़लक दुश्मन हुआ गरदिशज़दों[9] को जब मिली राहत
ज़्यादा राह से खटके मुझे मंज़िल में रहते हैं

कोई नाम ओ निशां पूछे तो ऐ क़ासिद बता देना
तख़ल्लुस 'दाग़' है वो आशिक़ों के दिल में रहते हैं

---

1. चन्द्रमुखी 2. गर्व 3. परी जैसे शरीर वाले 4. झूठी शिकायत 5. प्रणय चक्र 6. तूफ़ान उठने
वाली 7. भंवर 8. ऊंट पर बांधने के कजावा का झीना परदा 9. मुसीबत के मारे

47

परदे परदे में इताब[1] अच्छे नहीं
ऐसे अन्दाज़-ए-हिजाब अच्छे नहीं

मयकदे में हो गए चुपचाप क्यों
आज कुछ मस्त-ए-शराब अच्छे नहीं

जब सवाल-ए-वस्ल पर करता हूं ज़िद
डर के देते हैं जवाब अच्छे नहीं

ऐ फ़लक क्या है ज़माने की बिसात
दम-ब-दम के इन्क़िलाब अच्छे नहीं

तू भी उसकी ज़ुल्फ़-ए-पेचां[2] हो गया!
ऐ दिल ऐसे पेच ओ ताब[3] अच्छे नहीं

कोई बज़्म-ए-वाज़[4] से कहता गया
ऐसे जलसे बेशराब अच्छे नहीं

तौबा कर लें हम मय ओ माशूक़ से
बेमज़ा हैं, ये सवाब अच्छे नहीं

एक नुजूमी[5] 'दाग़' से कहता था आज
आप के दिन, ऐ जनाब, अच्छे नहीं

---

1. क्रोध 2. उलझी हुई केशराशि 3.चक्कर 4. धर्मोपदेशक की सभा 5. ज्योतिषी

48

क्या कहूं तुझको जो बेमेहर ओ फुसूंगर[1] न कहूं
जिसको दुनिया कहे, उस बात को क्योंकर न कहूं

मेहरबानी से किसी शख़्स ने पूछा है मिज़ाज
सख़्त मुश्किल है कि हाल-ए-दिल-ए-मुज़्तर[2] न कहूं

मेरी शामत है कि यूं आपका बिगड़ा है मिज़ाज
इसको बिगड़ा हुआ मैं अपना मुक़द्दर न कहूं

दिल की ताकीद है, हर हाल में हो पास-ए-वफ़ा[3]
क्या सितम है कि सितमगर को सितमगर न कहूं

ग़ैर का हाल छिपाए से कोई छिपता है
गो किसी वजह से मैं आपके मुंह पर न कहूं

अब के कुछ मुंह से निकाला तो तुम्हीं जानोगे
'दाग़' फिर मुझको न कहना जो बराबर न कहूं

---

1. निर्दयी और जादूगर 2. बेचैन दिल का हाल 3. वफ़ा का ख़याल

49

दर्द-ए-दिल का कोई पहलू जो निकालूं तो कहूं
अपने रूठे हुए दिलबर को मनालूं तो कहूं

मैंने जो पाई है उस तेग़-ए-अदा में लज़्ज़त
सामने ख़िज़्र ओ मसीहा को बिठालूं तो कहूं

शब-ए-हिज्रां में जो कुछ उससे हुई हैं बातें
तेरी तस्वीर को सीने से लगालूं तो कहूं

ज़हर से कम नहीं अहबाब[1] के ताने मुझको
जो हैं दिल में उन्हें दीवाना बनालूं तो कहूं

जो मेरे दिल में है, कहते हुए जी डरता है
गुदगुदा लूं तो कहूं, पांव दबालूं तो कहूं

यक-ब-यक सुन के मेरा हाल उखड़ जाएंगे
हमनशीं,[2] मैं उन्हें बातों में लगालूं तो कहूं

मैं हूं बेताब, वो बदमस्त, फ़साना है दराज़
दिल को थामूं तो कहूं, उसको संभालूं तो कहूं

रात भर हिज्र में जागा हूं मैं ऐ दावर-ए-हश्र
हाल-ए-दिल, कोई घड़ी आँख लगालूं, तो कहूं

---

1. मित्रगण 2. साथ बैठने वाला

हाल-ए-दिल के लिए उसकी भी शहादत[1] है ज़रूर
डेढ़ आखर दिल-ए-मुज़्तर[2] को पढ़ालूं तो कहूं

जो गुज़रती है मेरे दम में न पूछो मुझसे
गालियां इश्क़ ओ मोहब्बत को सुनालूं तो कहूं

'दाग़' पाबन्द-ए-क़फ़स[3] हूं नहीं कुछ कर सकता
दाम-ए-सय्याद[4] से मैं छूट के जालूं तो कहूं

---

1. गवाही 2. बेचैन दिल 3. क़ैद में बंधा हुआ 4. शिकारी का जाल

50

आप जिनको हद़फ़[1]-ए-तीर-ए-नज़र करते हैं
रात दिन, हाय जिगर, हाय जिगर करते हैं

ग़ैर के सामने यूं होते हैं शिकवे मुझसे
देखते हैं वो उधर, बात इधर करते हैं

देखकर नामा-ए-आमाल[2] को लिखते लिखते
क्या फ़रिश्तों का बुरा हाल बशर[3] करते हैं

दर ओ दीवार से भी रश्क मुझे आता है
ग़ौर से जब किसी जानिब वो नज़र करते हैं

एक तो नश्शा-ए-मय, उस पे नशीली आँखें
होश उड़ते हैं जिधर को वो नज़र करते हैं

हज़रत-ए-'दाग़' को दिल्ली की हवा ख़ूब लगी
रात दिन ऐश हैं, जलवों में बसर करते हैं

---

1. निशाना 2. कर्मों की सूची 3. इन्सान

51

चोट खाना दिल-ए-हज़ीं[1] न कहीं
दर्द रह जाएगा कहीं न कहीं

क्या मिलेगा कोई हसीं न कहीं?
जी बहल जाएगा कहीं न कहीं

हाल पहलू बचा के लिखा है
ताड़ जाए वो नुक्ताचीं[2] न कहीं

ये तो कहिये कि रात की बातें
आपने ग़ैर से कहीं, न कहीं?

जिनको हूरें बयान करते हैं
ख़ुल्द[3] में हो यही हसीं न कहीं

न करो इम्तिहान-ए-मेहं ओ वफ़ा
आए इस झूठ पर यक़ीं न कहीं

मौत उसी आस्तां पे आजाए
सर्फ़-ए-सजदा हो फिर जबीं न कहीं

आपकी गुफ़्तगू का क्या कहना
चार बातें भी दिलनशीं न कहीं

तेरे आशिक़ हैं काफ़िर ओ दींदार[4]
एक हो जाए कुफ़्र ओ दीं न कहीं

'दाग़' फिर ताक झांक करते हैं
अब गिरे, अब फंसे कहीं न कहीं

---

1. उदास दिल 2. दोष निकालने वाला 3. स्वर्ग 4. नास्तिक और आस्तिक

52

मैंने चाहा जो तुम्हें इसका गुनाहगार तो हूं
मगर इतना भी समझ लो कि वफ़ादार तो हूं

उम्र भर आपने मुझको कभी अच्छा न कहा
ख़ैर, अच्छा न सही, आपका बीमार तो हूं

या ख़ुदा, पुरसिश-ए-आमाल[1] का देता हूं जवाब
बात का होश किसे है, मगर हुशियार तो हूं

मय ओ माशूक़ से इन्कार नहीं ऐ ज़ाहिद
आशिक़-ए-ज़ार[2] तो हूं, रिन्द-ए-क़दहख़्वार[3] तो हूं

अभी क्या जाने कोई मुझको तुम्हारा शैदा[4]
कोई दिन और भी रुसवा सर-ए-बाज़ार तो हूं

गो मेरी वज़अ[5] नहीं ये के मिलूं ग़ैर से मैं
ताबा-ए-हुक्म[6], जफ़ाकार ओ सितमगार[7] तो हूं

क्या गुज़र जाए तुझे रात यूंही बेखटके
बज़्म में गुल न सही, मय न सही, ख़ार[8] तो हूं

ताब-ए-नज़्ज़ारा ओ अनवार-ए-तजल्ली न सही
मेरी हिम्मत है कि मैं तालिब-ए-दीदार तो हूं

'दाग़' मरने नहीं देता मुझे रश्क-ए-अग़्यार[9]
वरना मर जाऊं अभी, जान से बेज़ार तो हूं

---

1. कर्मों का हिसाब-किताब 2. दुःखी प्रेमी 3. मस्त शराबी 4. मुग्ध 5. तरीक़ा 6. हुक्म मानने वाला 7. बेवफ़ा और अत्याचारी 8. कांटा 9. ग़ैरों के प्रति ईर्ष्या

53

आशोब-ए-हश्र[1] उस बुत-ए-ख़ुदसर[2] से क्या कहें
महशर[3] का हाल फ़ितना-ए-महशर[4] से क्या कहें

गो अपनी ज़िद के एक हो तुम मान जाओगे
ये मानता नहीं दिल-ए-मुज़्तर[5] से क्या कहें

समझे हो तुम कि ग़ैर के शिकवे हैं एक दो
ये दास्तान कम नहीं दफ़्तर[6] से, क्या कहें

कोई करे सवाल तो कुछ दीजिए जवाब
बुत बन गए जब आप तो पत्थर से क्या कहें

कहते हैं वो, कहो तो सही दिल का हाल कुछ
हैरान हम खड़े हैं, घड़ी भर से, क्या कहें

दिलबर इशारा फ़हम[7] है, दुश्मन निगाह बाज़
हम चुपके चुपके भी दिल-ए-मुज़्तर से क्या कहें

लब तक उमड़ घुमड़ के तो आती हैं हसरतें
चलती नहीं ज़बान तेरे डर से, क्या कहें

तुम और कान रख के सुनो बात ग़ैर की
मजबूर हो गए हैं मुक़द्दर से, क्या कहें

ये उनको नागवार है, वो उसको नागवार
दिलबर से क्या सुनें, दिल-ए-मुज़्तर से क्या कहें

बेवजह इन बुतों की ख़ामोशी नहीं है 'दाग़'
क्या जाने कल ये दावर-ए-महशर[8] से क्या कहें

---

1. प्रलय का उपद्रव 2. उद्दंड, विद्रोही 3. प्रलय 4. प्रलय की हलचल 5. व्याकुल हृदय
6. लंबी-चौड़ी बात 7. इशारा समझने वाला 8. ईश्वर

54

नाम ज़ालिम का जब आता है बिगड़ जाते हो
आसमां को भी सितमगार कहूं या न कहूं

हाथ क्यों रखते हो मुंह पर मेरे, मतलब क्या है
बाइस-ए-रंजिश ओ तकरार[1] कहूं या न कहूं

मुझसे क़ासिद ने कहा सुन के ज़बानी पैग़ाम
यही कहना तो है दुश्वार[2], कहूं या न कहूं

आपका हाल जो ग़ैरों ने कहा है मुझसे
हैं मेरे कान गुनहगार, कहूं या न कहूं

नहीं छिपती, नहीं छिपती, नहीं छिपती उल्फ़त[3]
सब कहे देते हैं आसार[4], कहूं या न कहूं

'दाग़' है नाम मेरा, बर्क़[5] तबीयत मेरी
गर्म इस तरह के अशआर कहूं या न कहूं

---

1. मनमुटाव और लड़ाई का कारण 2. कठिन 3. प्रेम 4. लक्षण 5. बिजली

55

देखें तो कैसे फ़ितने हैं नीची निगाह में
आईना रख दे काश कोई उनकी राह में

उम्मीदवार-ए-रहमत-ए-बारी[1] हूं इस क़दर
होता हूं मैं शरीक पराए गुनाह में

किस फ़ितनागर की चाल ने बेताब कर दिया
नक़्श-ए-क़दम भी दौड़ते फिरते हैं राह में

होती है देखने के लिए आँख में निगाह
देखो तुम्हारी आँख है मेरी निगाह में

महशर में किस तरफ़ से ये आने लगी सदा
आना हो जिसको, आए हमारी पनाह में

दिल भी कहीं जमे तो हमारा क़दम जमे
एक पांव बुतकदे में तो इक ख़ानक़ाह[2] में

हंगाम-ए-शिकवा[3] ख़ौफ़ बिठाने से फ़ायदा
तुम ख़ुद ही बैठ जाओ दिल-ए-दादख़्वाह[4] में

क्यों 'दाग़' देहलवी की ज़बां मुस्तनद[5] न हो
पैदा किया ख़ुदा ने उसे तख़्तगाह[6] में

---

1. ईश्वर की कृपा का अभिलाषी 2. दरगाह 3. शिकवा करते समय 4. न्याय चाहने वाला
5. प्रामाणिक 6. राजधानी

56

छीन कर बुत, दिल-ए-नाकाम लिए जाते हैं
लूटकर राहत ओ आराम लिए जाते हैं

नज़र आता हूं न उस बज़्म से उठ सकता हूं
नातवानी[1] से बड़े काम लिए जाते हैं

गरचे देते हैं ज़बां से वो शिकायत का जवाब
दिल में क्या क्या दम-ए-इल्ज़ाम[2] लिए जाते हैं

शिकवा-ए-मेह्र ओ वफ़ा[3] किसने कहा, किसने सुना
फिर वही आप मेरा नाम लिए जाते हैं

जब तसव्वुर में कोई परदानशीं होता है
दिल से आँखों के कई काम लिए जाते हैं

मोल जन्नत का हुआ नक़्द-ए-इबादत[4] ज़ाहिद
है कहीं माल, कहीं दाम लिए जाते हैं

क्या मज़ा है कि शिकायत में मज़ा आता है
ख़ुद वो इल्ज़ाम पे इल्ज़ाम लिए जाते हैं

मयकशो, हज़रत-ए-ज़ाहिद की तलाशी लेना
कि छुपाए हुए वो जाम लिए जाते हैं

पहले तो ऐसे वफ़ादार को आज़ाद किया
मोल अब 'दाग़' के हमनाम लिए जाते हैं

---

1. कमज़ोरी 2. दोष देते समय 3. प्रेम और निष्ठा की शिकायत 4. पूजा रूपी धन

57

हज़ार रंज ओ मुसीबत के दिन गुज़ारे हैं
कभी जो लड़ गई क़िस्मत तो वारे न्यारे हैं

ख़ुदा की शान-ए-करीमी[1] का पूछना क्या है
ग़ज़ब तो ये है गुनहगार हम तुम्हारे हैं

बुरा न जान हसीनों को, मान ऐ वाइज़
ख़ुदा गवाह, ये बन्दे ख़ुदा के प्यारे हैं

तुम्हारी चश्म-ए-फ़ुसूंसाज़[2] से नहीं शिकवा
हमें है ख़ूब ख़बर जिनके ये इशारे हैं

वफ़ा करो कि जफ़ा, इख़्तियार है तुमको
बुरे हैं या हैं भले, जैसे हैं तुम्हारे हैं

खुले न बाब-ए-इजाबत[3] तो क्या करे कोई
बहुत दुआ ने पुकारा है, हाथ मारे हैं

बहकती फिरती हैं आहें, तबाह हैं नाले
रफ़ीक़[4], दिल के सहारे से बेसहारे हैं

ज़मीं पे रश्क-ए-मह ओ मेहर[5] हैं हसीं लाखों
फ़लक[6] में दो ही तो चमके हुए सितारे हैं

वो तुन्दख़ू[7] है तो हो, 'दाग़' कुछ नहीं परवा
मिज़ाज बिगड़े हुए सैकड़ों संवारे हैं

---

1. कृपा 2. जादू भरी आँखें 3. स्वीकृति का द्वार 4. मित्रगण 5. चांद सूरज को शरमाने वाले
6. आकाश 7. तेज़ स्वभाव वाला

58

जल के ठंडे हुए तेरे ग़म में
हमको जन्नत मिली जहन्नुम में

कुछ तेरा शौक़, कुछ तेरी हसरत
और रखा ही क्या है अब हम में

बज़्म-ए-दुश्मन में किस तरह मरता
मौत आती नहीं जहन्नुम में

अर्क़-आलूदा[1] रुख़[2] तेरा शब-ए-वस्ल[3]
ग़र्क़[4] है आफ़ताब[5] शबनम में

क्या इसी नाजुकी पे दावा है
आप फिरते हैं चश्म-ए-आलम[6] में

जब से देखी है हमने तेरी पलक
पड़ गया बाल[7] चश्म-ए-पुरनम[8] में

चल गई चाल आपकी हम पर
सीधे सादे थे, आ गए दम[9] में

रूसियाही[10] गई न ऐ ज़ाहिद
डूब मरना था चाह-ए-ज़म ज़म[11] में

अब इनायत है क्यों ख़ुदा के लिए
कौन सी बात बढ़ गई हम में

'दाग़' को वो जला के कहते हैं
हमने रौशन किया है आलम में

---

1. पसीने में भीगा 2. चेहरा 3. मिलन रात्रि 4. डूबा हुआ 5. सूरज 6. संसार की नज़र 7. निर्लज्जता
8. भीगी आँख 9. धोखा 10. पाप 11. एक पवित्र कुआं

59

या तो ऐसी मेहरबानी मुझपे या कुछ भी नहीं
इब्तिदा ही इब्तिदा है, इन्तिहा कुछ भी नहीं

बाद शोख़ी के तेरी तर्ज़-ए-हया कुछ भी नहीं
वो अदा-ए-दिलरुबा[1] थी, ये अदा कुछ भी नहीं

देखकर तस्वीर-ए-यूसुफ़[2] कह दिया कुछ भी नहीं
आप ही सब कुछ हैं गोया, दूसरा कुछ भी नहीं

उनको ख़त लिखा है सौ पहलू बचा कर ख़ौफ़ से
है इबारत ही इबारत, मुद्दआ कुछ भी नहीं

सुन के हाल-ए-दिल मेरा रखते हैं वो कानों पे हाथ
हाय इस अन्दाज़ से गोया सुना कुछ भी नहीं

इस सितम पर सब्र करना ये हमारा काम था
आपके नज़दीक तस्लीम ओ रज़ा[3] कुछ भी नहीं

बेख़ुदी है वस्ल में या छाई है तेरी हया
देखता सब कुछ हूं लेकिन सूझता कुछ भी नहीं

अपने दम[4] को आदमी हर दम ग़नीमत जान ले
ख़ाक का फिर ढेर है बाद-ए-फ़ना[5] कुछ भी नहीं

तूने क़स्साम-ए-अज़ल[6] ग़ैरों को क्या क्या कुछ दिया
'दाग़' है महरूम[7] इसके नाम का कुछ भी नहीं

---

1. दिल उड़ाने की अदा 2. यूसुफ़ नाम के अत्यंत सुन्दर पैग़म्बर का चित्र 3. स्वीकार करने का सामर्थ्य 4. जान 5. मृत्यु के बाद 6. ईश्वर 7. वंचित

60

वो दुश्नाम[1] लाखों मुझे दे रहे हैं
मज़े लेने वाले मज़े ले रहे हैं

अजब ख़ूबियां ख़ूबरूओं[2] में देखीं
बुराई में भी सबसे अच्छे रहे हैं

मज़ा दे गया है फ़साना हमारा
महीनों वहां इसके चर्चे रहे हैं

जिधर से वो गुज़रे क़यामत बपा की
कि नक़्श-ए-क़दम तक तड़पते रहे हैं

अदम[3] को चले जाएंगे हिज्र[4] में हम
अकेले रहेंगे, अकेले रहे हैं

मोहब्बत में अच्छा नहीं दौड़ चलना
जो आगे चले हैं, वो पीछे रहे हैं

नसीबों से मिलता है दर्द-ए-मोहब्बत
यहां मरने वाले ही अच्छे रहे हैं

जिन्हें उसने लिखा है हर्फ़-ए-तसल्ली
वो कमबख़्त बरसों तड़पते रहे हैं

गई 'दाग़' के साथ मेह्र ओ मोहब्बत
फ़क़त अब तो दावे ही दावे रहे हैं

---

1. गालियां 2. सुन्दर चेहरे वाले (प्रेमिकाएं) 3. परलोक 4. वियोग

61

ख़त में लिखे हुए रंजिश के कलाम आते हैं
किस क़यामत के ये नामे मेरे नाम आते हैं

ताब-ए-नज़्ज़ारा किसे देखे जो उनके जलवे
बिजलियां कौंधती हैं जब लब-ए-बाम[1] आते हैं

तो सही हश्र में तुझसे जो न ये कहला दूं
दोस्त वो होते हैं जो वक़्त पे काम आते हैं

रहरव-ए-राह-ए-मोहब्बत[2] का ख़ुदा हाफ़िज़[3] है
इसमें दो चार बहुत सख़्त मक़ाम आते हैं

सब्र करता है कभी, और तड़पता है कभी
दिल-ए-नाकाम को अपने, यही काम आते हैं

न किसी शख़्स की इज़्ज़त, न किसी की तौक़ीर[4]
आशिक़ आते हैं तुम्हारे कि ग़ुलाम आते हैं?

रस्म-ए-तहरीर[5] भी मिट जाए यही मतलब है
उनके ख़त में मुझे ग़ैरों के सलाम आते हैं

गिर्या[6] हो, नाला[7] हो, हसरत हो कि अरमान-ए-विसाल
आने वाले तेरी फ़ुरक़त[8] में मुदाम[9] आते हैं

'दाग़' की तरह से गुल होते हैं सदक़े क़ुरबान
बहर-ए-गुलगश्त[10] चमन में जो निज़ाम[11] आते हैं

---

1. छत पर 2. प्रेम की राह पर चलने वाले 3. रक्षक 4. आदर 5. लिखने की प्रथा 6. रोना
7. फ़रियाद 8. वियोग 9. हमेशा 10. सैर के लिए 11. हैदराबाद के निज़ाम

62

इलाही क्या करें ज़ब्त-ए-मोहब्बत, हम तो मरते हैं
कि नाले तीर बन बन कर कलेजे में उतरते हैं

जफ़ा पर जान देते हैं, सितम पर तेरे मरते हैं
कि नाकाम-ए-मोहब्बत, सच तो ये है, काम करते हैं

कहें क्या, हम पे जो सदमे गुज़रते हैं, गुज़रते हैं
लगाया जिस घड़ी दिल, उस घड़ी को याद करते हैं

तमाशा जब से देखा है मेरे दिल के तड़पने का
तमाशा है कि वो अपनी नज़र से आप डरते हैं

हम इस ग़फ़लत के सद्क़े कोई दम छुटते तो हैं ग़म से
कि जिस दम होश आता है तो पहरों ज़िक्र करते हैं

ज़बां से गर किया भी वादा तूने तो यक़ीं किसको
निगाहें साफ़ कहती हैं कि देखो यूं मुकरते हैं

कभी झुकता हूं शीशे[1] पर, कभी गिरता हूं साग़र[2] पर
मेरी बेहोशियों से होश साक़ी के बिखरते हैं

कोई कह दे कि तुमने दिल लिया, और देखिए क्या क्या
उचटते हैं, उखड़ते हैं, पलटते हैं, मुकरते हैं

---

1. शराब की बोतल 2. शराब का प्याला

अदा बेसाख़्ता[1] उन गेसुओं की कुछ निराली है
बनाए से बिगड़ते हैं, संवारे से बिखरते हैं

सितम देखो, बयान-ए-रंज पर कहता है वो ज़ालिम
ये सदमा तो नहीं, आख़िर किसी पर हम भी मरते हैं

न पूछो 'दाग़' हम से इन्तिज़ार-ए-यार की सूरत
ये आँखें जानती हैं ख़ूब जो नक़्शे गुज़रते हैं

---

1. सहसा

63

सुबह तक दिल को दिलासे शब-ए-ग़म देते हैं
जिसको तुम दे नहीं सकते, उसे हम देते हैं

हस्ब-ए-ख़्वाहिश[1] वो कहां रंज ओ अलम देते हैं
मांगने वाले को आज़ार[2] भी कम देते हैं

ख़ाक देते हैं जो यूं अह्ल-ए-करम[3] देते हैं
सौ बताते हैं, अगर एक दिरम[4] देते हैं

वादा करने को वो तैयार थे सच्चे दिल से
मैंने कमबख़्त ये जाना मुझे दम[5] देते हैं

किसने ख़ुशबू से बसाया है कफ़न को मेरे
कि दुआएं मुझे सब अह्ल-ए-करम देते हैं

मुझसे वो कहते हैं परवाने को देखा तूने
देख यूं जलते हैं इस तरह से दम[6] देते हैं

सादगी है, कि शरारत है कि हर बात पे वो
मेरे दुश्मन को मेरे सर की क़सम देते हैं

तू वफ़ा करती जो ऐ उम्र-ए-रवां[7] क्या होता
बेवफ़ाई पे तेरी सैकड़ों दम देते हैं

ताना-ए-उल्फ़त-ए-दुश्मन पे कहा ज़ालिम ने
एक से लेते हैं दिल, एक को हम देते हैं

रंज देने का अबस[8] 'दाग़' है शिकवा उनसे
जिसको देता है ख़ुदा, उसको सनम देते हैं

---

1. इच्छा के अनुसार 2. तकलीफ़ 3. दया करने वाले 4. पैसा 5. धोखा 6. जान 7. ढलती उम्र 8. व्यर्थ

64

जलवे मेरी निगाह में कौन ओ मकां[1] के हैं
मुझसे कहां छुपेंगे वो ऐसे कहां के हैं

करते हैं क़त्ल वो तलब-ए-मग़फ़िरत[2] के बाद
जो थे दुआ के हाथ वही इम्तिहां के हैं

जिस दिन से कुछ शरीक हुई मेरी मुश्त-ए-ख़ाक[3]
उस रोज़ से ज़मीं पे सितम आसमां के हैं

नासेह के सामने कभी सच बोलता नहीं
मेरी ज़बां में रंग तुम्हारी ज़बां के हैं

क्या इज़्तिराब-ए-शौक़[4] ने मुझको ख़जिल[5] किया
वो पूछते हैं, कहिये, इरादे कहां के हैं

क़ासिद यहां से बर्क़[6] था, पर निस्फ़[7] राह में
बीमार की है चाल, क़दम नातवां[8] के हैं

आशिक़ तेरे अदम[9] को गए किस क़दर तबाह
पूछा हर एक ने, ये मुसाफ़िर कहां के हैं

हर चन्द[10] 'दाग़' एक ही अय्यार[11] है मगर
दुश्मन भी तो छंटे हुए सारे जहां के हैं

---

1. लोक परलोक 2. मोक्ष 3. मुट्ठी भर मिट्टी 4. प्रेम की बेचैनी 5. लज्जित 6. बिजली 7. आधी
8. कमज़ोर 9. परलोक 10. यद्यपि 11. चालाक

65

हमारे दिल में बेखटके मुहब्बत अपनी रहने दो
अमानतदार का घर है, अमानत अपनी रहने दो

जो हैं मुश्ताक़[1] उनके दिल में हसरत अपनी रहने दो
कोई दिन और भी परदे में सूरत अपनी रहने दो

ग़ज़ब की बात है ये मशवरा देते हैं वो मुझको
रक़ीबों से भी तुम साहब सलामत अपनी रहने दो

डराया है, मनाया है, ये कह कर वस्ल में उसने
बिगड़ जाएंगे हम, बस, बस, शिकायत अपनी रहने दो

हमें दीदार से महरूम[2] रखकर, है नज़र दिल पर
पराया माल ताको, और दौलत अपनी रहने दो

बज़ाहिर मेहरबानी है तो दिल में बदगुमानी है
सलाम ऐसी इनायत को, इनायत अपनी रहने दो

न घबरा जाए रह कर एक मेहमां ख़ाना-ए-दिल[3] में
कुछ उलफ़त मेरी रहने दो, कुछ उलफ़त अपनी रहने दो

न तोड़ो आईने को रश्क से, आईना-रू[4] हो कर
इसी से मिलती-जुलती कुछ शबाहत[5] अपनी रहने दो

यहां है बेनियाज़ी 'दाग़', इससे क्या ग़रज़ उसको
ये ताअत[6] अपने रख छोड़ो, इबादत अपनी रहने दो

---

1. इच्छुक 2. वंचित 3. हृदय रूपी घर 4. आईने की भांति 5. सूरत 6. सर झुकाने की आदत

66

मुझ सियाहकार को ले जाते हैं क्यों दोज़ख़ में
किस ख़ता पर ये जहन्नुम को सज़ा देते हैं

देख ऐ चश्म-ए-गुहरबार ज़रा अपनी तरफ़
देने वाले कहीं क्या घर को लुटा देते हैं

दिल लगाने में ज़रा लाग[1] किसी से तो रहे
हम तो दुश्मन को भी जीने की दुआ देते हैं

बात करते हैं ख़ुशी की भी तो एक रंज के साथ
वो हंसाते भी हैं ऐसा कि रुला देते हैं

क़स्द[2] करते हैं वो जो ग़ैर के घर जाने का
पढ़ के कुछ पांव को हम हाथ लगा देते हैं

मैंने जो मांगा कभी दूर से दिल, डर डर कर
उसने धमका के कहा, ''पास तो आ, देते हैं''

---

1. स्नेह 2. संकल्प

67

मुमकिन नहीं कि तेरी मोहब्बत की बू न हो
काफ़िर अगर हज़ार बरस दिल में तू न हो

क्या लुत्फ़-ए-इन्तिज़ार जो तू हीलाजू[1] न हो
किस काम का विसाल अगर आरज़ू न हो

ख़लवत[2] में तुमको चैन नहीं, किसका ख़ौफ़ है ?
अन्देशा कुछ न हो जो नज़र चारसू न हो

वो आदमी कहां है, वो इन्सान है कहां
जो दोस्त का हो दोस्त, अदू[3] का अदू न हो

ज़ाहिद[4] मज़ा तो जब है अज़ाब ओ सवाब[5] का
दोज़ख़[6] में बादाकश[7] न हों, जन्नत में तू न हो

है लाग[8] का मज़ा दिल-ए-बेमुद्आ[9] के साथ
तुम क्या करो किसी को अगर आरज़ू न हो

ले तो चला है नासेह[10]-ए-नादां पयाम-ए-वस्ल[11]
मैं शर्त बांधता हूं जो बेआबरू न हो

इस फ़िक्र में कुछ उनसे न हम बात कर सके
ये गुफ़्तगू न हो,   कहीं वो गुफ़्तगू न हो

मुझको जनाब-ए-शेख़ की दावत ज़रूर है
ऐसी कहीं शराब मिले जिसमें बू न हो

ऐ 'दाग़' आ के फिर गए वो इसको क्या करें
पूरी जो नामुराद तेरी आरज़ू न हो

---

1. बहानेबाज़ 2. एकान्त 3. शत्रु 4. तपस्वी 5. पाप पुण्य 6. नर्क 7. पीने वाले 8. स्नेह
9. इच्छारहित 10. उपदेशक 11. मिलन का संदेश

68

मौत उस दिन को जो तुझ सा सितम ईजाद न हो
मैं तो मर जाऊं अगर लज़्ज़त-ए-बेदाद[1] न हो

ज़ुल्फ़ वो दाम[2] कि जिस दाम से आज़ाद न हो
आँख वो चोर कि जिस चोर की फ़रयाद न हो

बात का ज़ख़्म है तलवार के ज़ख़्मों से सिवा
कीजिए क़त्ल मगर मुंह से कुछ इरशाद[3] न हो

हाए वो दिल, वो कलेजा मैं कहां से लाऊं
वस्ल में शाद न हो, हिज्र में नाशाद न हो

जौर[4] के बाद है अब हर्फ़-ए-तसल्ली कैसा
उससे फ़रमाइये, जिसको वो घड़ी याद न हो

बदगुमानी भी मोहब्बत में बुरी होती है
वो यक़ीं हो मुझे जिस बात की बुनियाद न हो

मह्व-ए-आराइश ओ ज़ीनत[5] ही रहे आठ पहर
तुझको अल्लाह करे फ़ुरसत-ए-बेदाद न हो

आदमी वो है जो चितवन का इशारा समझे
मुझको मालूम हुआ, मुंह से कुछ इरशाद न हो

है मेरे दिल की तबाही पे ताज्जुब, क्या ख़ूब
आप बरबाद करें जिसको वो बरबाद न हो

कोसते हैं वो इलाही कि दुआ देते हैं
'दाग़' को देख के कहते हैं ये नाशाद न हो

---

1. अत्याचार 2. जाल 3. कहना 4. जुल्म 5. श्रृंगार में लीन

69

वाइज़ बड़ा मज़ा हो अगर यूं अज़ाब[1] हो
दोज़ख़ में पांव, हाथ में जाम-ए-शराब हो

माशूक़ का तो जुर्म हो, आशिक़ ख़राब हो
कोई करे गुनाह, किसी पर अज़ाब हो

दुनिया में क्या धरा है, क़यामत में लुत्फ़ हो
मेरा जवाब हो न तुम्हारा जवाब हो

दुनिया में रूसियाह[2] चला हूं पस-ए-फ़ना[3]
मुंह पर मेरे कफ़न से जुदा इक नक़ाब हो

ऐसा लगा हुआ है मय-ए-नाब[4] का मज़ा
पानी भी मैं पियूं तो मेरा मुंह ख़राब हो

दर परदा तुम जलाओ, जलाऊं न मैं, चेख़ुश[5]!
मेरा भी नाम 'दाग़' है, गर तुम हिजाब[6] हो

---

1. कष्ट 2. काला मुंह, बदनाम 3. मृत्यु के बाद 4. शराब 5. बहुत ख़ूब 6. शर्म (दाग़' की प्रेमिका का नाम भी हिजाब था)

70

है ताक में दुज़दीदा[1] नज़र, देखिए क्या हो
फिर देख लिया उसने इधर, देखिए क्या हो

भेजा है ख़त-ए-शौक़ उसे दिल ने, न माना
अब फ़िक्र है ये आठ पहर, देखिए क्या हो

दिल जब से लगाया है कहीं जी नहीं लगता
किस तरह से होती है बसर, देखिए क्या हो

अन्देशा-ए-फ़रदा[2] में अबस[3] जान घुलाएं
है आज किसे कल की ख़बर, देखिए क्या हो

ज़ाहिद[4] को बड़ा नाज़ है, मयकश को बड़ा इज्ज़[5]
अल्लाह को मक़बूल[6] मगर देखिए क्या हो

फिर यास[7] मिटाती है मेरे दिल की तमन्ना
बन बन के बिगड़ता है ये घर, देखिए क्या हो

---

1. चोर नज़र 2. भविष्य की चिंता 3. व्यर्थ 4. संयमी 5. नम्रता 6. स्वीकृत 7. निराशा

71

पूछें वो जब ख़ुशी से क़यामत की बात है
मेरा ही हाल और मुझी से बयां न हो

या रब पस-ए-फ़ना[1] भी रहे शर्म-ए-बेकसी
ये मुश्त-ए-ख़ाक[2] गर्द-ए-रह-ए-कारवां न हो

मुझको मिला ये शिकवा-ए-दुश्नाम[3] पर जवाब
आप उससे इश्क़ कीजिए जिसकी ज़बां न हो

आफ़त की ताक-झांक, क़यामत की शोख़ियां
फिर चाहते हो हमसे कोई बदगुमां न हो

क्या कर सके वो ग़ैर की तुझसे शिकायतें
जिस नातवां[4] से अपनी हक़ीक़त बयां न हो

वाइज़, बजा है कहिए जो वीराने को बहिश्त
जन्नत उसी का नाम है आदम जहां न हो

अब इस निगाह-ए-शर्म में वो शोख़ियां कहां
वो तेग़ क्या चलेगी जो बरसों रवां न हो

मारा निगाह-ए-नाज़ से पहले जिगर पे तीर
फिर इस पे हुक्म ये है कि लब पे फ़ुग़ां न हो

तोहमत किसी को जुल्म की ऐ 'दाग़' क्यों लगाएं
शिकवा बुतों से क्या जो ख़ुदा मेहरबां न हो

---

1. मृत्यु के बाद 2. मुट्ठी-भर मिट्टी 3. गालियों की शिकायत 4. कमज़ोर

72

शब-ए-वस्ल ज़िद में बसर हो गई
नहीं होते होते सहर हो गई

निगह ग़ैर पर बेअसर हो गई
तुम्हारी नज़र को नज़र हो गई

लगाते हैं दिल उससे अब हार जीत
इधर हो गई या उधर हो गई

बुरे हाल से या भले हाल से
तुम्हें क्या, हमारी बसर हो गई

मयस्सर[1] हमें ख़्वाब-ए-राहत कहां
ज़रा आँख झपकी सहर हो गई

जफ़ा पर वफ़ा तो करूं, सोच लो
तुम्हें मुझ से उलफ़त अगर हो गई

निगाह-ए-सितम में कुछ ईजाद हो
कि ये तो पुरानी नज़र हो गई

शब-ए-वस्ल ऐसी खिली चांदनी
वो घबरा के बोले: सहर हो गई

कहो, क्या करोगे, मेरे वस्ल की
जो मशहूर झूठी ख़बर हो गई

ग़म-ए-हिज्र[2] से 'दाग़' मुझको निजात[3]
यक़ीं था, न होगी, मगर हो गई

---

1. उपलब्ध 2. विरह का दुख 3. मुक्ति

73

नहीं होती बन्दे से ताअत[1] ज़्यादा
बस अब ख़ाना आबाद दौलत ज़्यादा

मोहब्बत में सौ लुत्फ़ देखे हैं लेकिन
मज़ा दे गई बस शिकायत ज़्यादा

वो तशरीफ़ लाते ही बोले कि रुख़सत
नहीं हमको मिलने की फ़ुरसत ज़्यादा

इलाही ज़माने को क्या हो गया है
मोहब्बत तो कम है, अदावत[2] ज़्यादा

अदम[3] से सब आए हैं यां चार दिन को
नहीं होती मन्ज़ूर रुख़सत ज़्यादा

मेरी बन्दगी से मेरे जुर्म अफ़जूं[4]
तेरे क़हर से तेरी रहमत ज़्यादा

हया उसकी आँखों में क्योंकर हो या रब
कि शोख़ी से भी है शरारत ज़्यादा

बहकते न थे 'दाग़' यूं गुफ़्तगू में
मगर पी गए आज हज़रत ज़्यादा

---

1. पूजा 2. दुश्मनी 3. परलोक 4. ज़्यादा

74

ये जो है हुक्म मेरे पास न आए कोई
इस लिए रूठ रहे हैं कि मनाए कोई

ये न पूछो कि ग़म-ए-हिज्र[1] में कैसी गुज़री
दिल दिखाने का अगर हो तो दिखाए कोई

हो चुका ऐश का जलसा तो मुझे ख़त पहुंचा
आपकी तरह से मेहमान बुलाए कोई

तर्क-ए-बेदाद[2] की तुम दाद न चाहो मुझसे
करके एहसान न एहसान जताए कोई

क्यों वो मय दाख़िल-ए-दावत[3] ही नहीं ऐ वाइज़[4]
मेहरबानी से बुला कर जो पिलाए कोई

सर्द-मेहरी[5] से ज़माने की हुआ है दिल सर्द
रखकर इस चीज़ को क्या आग लगाए कोई

हाल अफ़लाक ओ ज़मीं[6] का जो बताया है तो क्या
बात वो है जो तेरे दिल की बताए कोई

आपने 'दाग़' को मुंह भी न लगाया अफ़सोस
उसको रखता था कलेजे से लगाए कोई

---

1. विरह का दुख 2. अत्याचार का त्याग 3. निमंत्रण में शामिल 4. धर्मोपदेशक 5. निष्ठुरता
6. आसमान और ज़मीन

75

फिरे राह से वो यहां आते आते
अजल मर रही तू कहां आते आते

मुझे याद करने से ये मुद्दआ था
निकल जाए दम हिचकियां आते आते

न जाना कि दुनिया से जाता है कोई
बहुत देर की मेहरबां आते आते

कलेजा मेरे मुंह को आएगा एक दिन
यूं ही लब पे आह ओ फ़ुग़ां[1] आते आते

अभी सिन[2] ही क्या है जो बेबाकियां हों
उन्हें आएंगी शोख़ियां आते आते

चले आते हैं दिल में अरमान लाखों
मकां भर गया मेहमां आते आते

सुनाने के क़ाबिल जो थी बात उनको
वही रह गई दरमियां आते आते

नतीजा न निकला, थके सब पयामी[3]
वहां जाते जाते, यहां आते आते

मेरे आशियां के तो थे चार तिनके
चमन उड़ गए आंधियां आते आते

बना है हमेशा ये दिल बाग़ ओ सहरा
बहार आते आते, ख़िज़ां आते आते

नहीं खेल ऐ 'दाग़' यारों से कह दो
कि आती है उर्दू ज़बां आते आते

---

1. दुहाइयां 2. उम्र 3. संदेशवाहक

76

दर्द बनकर दिल में आना कोई तुम से सीख जाए
जान-ए-आशिक़ हो के जाना कोई तुम से सीख जाए

हर सुख़न पर रूठ जाना कोई तुम से सीख जाए
रूठ कर फिर मुस्कुराना कोई तुम से सीख जाए

वस्ल की शब चश्म-ए-ख़्वाब आलूदा[1] को मलते हुए
सोते फ़ितने को जगाना कोई तुम से सीख जाए

आते जाते यूं तो देखे हैं हज़ारों ख़ुशख़िराम[2]
दिल में आकर दिल से जाना कोई तुम से सीख जाए

देख कर आईना इतराए कि हम भी कोई हैं
अपनी नज़रों में समाना कोई तुम से सीख जाए

इक निगाह-ए-लुत्फ़ पर लाखों दुआएं मिल गईं
उम्र का अपनी बढ़ाना कोई तुम से सीख जाए

जान से मारा उसे तन्हा जहां पाया जिसे
बेकसी में काम आना कोई तुम से सीख जाए

क्या सिखाएगा ज़माने को फ़लक[3] तर्ज़-ए-जफ़ा[4]
अब तुम्हारा है ज़माना कोई तुम से सीख जाए

हर गुनह से तौबा कर ली जब जवानी हो चुकी
ज़ाहिदो, जन्नत में जाना कोई तुम से सीख जाए

महव ओ बेखुद[5] हो, नहीं कुछ दीन दुनिया की ख़बर
'दाग़' ऐसा दिल लगाना कोई तुम से सीख जाए

---

1. उनींदी आँख 2. अच्छी चाल वाले 3. आसमान 4. बेवफ़ाई का तरीक़ा 5. खोए हुए

77

ग़ैर के नाम से पैग़ाम-ए-विसाल[1] अच्छा है
छेड़ का जिसमें मज़ा हो वो सवाल अच्छा है

सुल्ह दुश्मन से भी कर लेंगे तेरी ख़ातिर से
जिस तरह से हो ग़रज़ रफ़्अ-ए-मलाल[2] अच्छा है

लोग कहते हैं भलाई का ज़माना न रहा
ये भी कह दें कि बुराई का मआल[3] अच्छा है

देखने वालों की हालत नहीं देखी जाती
जो न देखे वही मुश्ताक़-ए-जमाल[4] अच्छा है

एक दुकां में अभी रख आए हैं हम अपना दिल
दूर से सब को बताते हैं वो माल अच्छा है

ऐसे बीमार की, अफ़सोस, दवा हो क्योंकर
अभी दम भर में बुरा है, अभी हाल अच्छा है

हम से पूछे कोई दुनिया में है क्या शै[5] अच्छी
रंज अच्छा है, ग़म अच्छा है, मलाल अच्छा है

दिल तो हम देंगे मगर पेश्तर[6] इतना कह दो
हिज्र अच्छा है तुम्हारा कि विसाल अच्छा है?

बाग़-ए-आलम[7] में कोई ख़ाक फले फूलेगा
बर्क़[8] गिरती है उसी पर जो निहाल[9] अच्छा है

आप पछताएं नहीं, जौर[10] से तौबा न करें
आप घबराएं नहीं 'दाग़' का हाल अच्छा है

---

1. मिलन संदेश 2. कष्टों का अंत 3. परिणाम 4. सौन्दर्याभिलाषी 5. वस्तु 6. पहले 7. संसार
का उपवन 8. बिजली 9. पौधा 10. अत्याचार

78

तूर[1] के पहलू में एक बुतख़ाना ऐसा चाहिए
शोर उठे जल्वा-ए-जानानां[2] ऐसा चाहिए

एक क़तरा भी न ऐ साक़ी मिले कम-ज़र्फ़[3] को
इन्तिज़ाम-ए-बादा-ओ-पैमाना[4] ऐसा चाहिए

दिल मेरा अहल-ए-वतन से है बहुत खटका हुआ
ख़ार[5] तक जिसमें न हो वीराना ऐसा चाहिए

मोल लेकर क़ैस की तस्वीर वो नादिम[6] हुए
मैंने जब छेड़ा तुम्हें दीवाना ऐसा चाहिए

इस अदा से क़त्ल कर, तुझको मेरे सर की क़सम
सब कहें अन्दाज़-ए-माशूक़ाना ऐसा चाहिए

भेस बदले हज़रत-ए-ज़ाहिद पिएं चोरी छिपे
शहर में पोशीदा[7] एक मयख़ाना ऐसा चाहिए

जब्र[8] पर हो सब्र उल्फ़त में, जफ़ा पर हो वफ़ा
तुझको तो ऐ हिम्मत-ए-मरदाना ऐसा चाहिए

हिज्र[9] से उस शमा-रू के दिल जला फ़ुरक़त[10] में भी
जो अंधेरे में जले परवाना ऐसा चाहिए

इस बहाने से दिखा दें दिल का नक़्शा हम उन्हें
हम को एक टूटा हुआ पैमाना ऐसा चाहिए

ख़ूब जी भर कर सुना पहले तो क़िस्सा 'दाग़' का
फिर कहा दिल थाम कर, अफ़साना ऐसा चाहिए

---

1. एक पवित्र पहाड़ 2. प्रेमिका का जलवा 3. कम सामर्थ्य वाला 4. मदिरालय का प्रबंध
5. कांटा 6. शर्मिन्दा 7. गुप्त 8. अत्याचार 9-10. वियोग

79

जब मय-ए-लालाफ़ाम[1] होती है
मुझको तौबा हराम होती है

ये भी तर्ज़-ए-ख़िराम[2] होती है
सारी दुनिया तमाम होती है

ख़ूबरू[3] वो है जिसकी ख़ूं[4] अच्छी
शमा सूरत हराम होती है

तोड़ता है उसी को वो गुलचीं[5]
जो कली दिल की ख़ाम[6] होती है

दिल ही दिल में तेरे रक़ीबों से
गुफ़्तगू ला-कलाम[7] होती है

सुबह होने तो दो, चले जाना
शब की नीयत हराम होती है

हिज्र[8] का दिन ढले तो हम जानें
सुबह के बाद शाम होती है

हर्फ़-ए-मतलब[9] कहा नहीं जाता
बात उनसे मुदाम[10] होती है

ये सुना है कि बरहमन[11] से भी
शेख़ की राम राम होती है

पहले ऐ 'दाग़' कुछ न होश आया
दिल की अब रोक-थाम होती है

---

1. लाल रंग की मदिरा 2. चलने का ढंग 3. सुंदर 4. आदत 5. फूल तोड़ने वाला 6. कच्ची
7. नि:शब्द 8. वियोग 9. मतलब की बात 10. हमेशा 11. ब्राह्मण

80

आई हुई आशिक़ की तबीयत नहीं जाती
आती है तो आकर ये क़यामत नहीं जाती

सर जाता है, सर से तेरा सौदा[1] नहीं जाता
दिल जाता है, दिल से तेरी उल्फ़त नहीं जाती

अल्लाह से महशर[2] में कहूंगा तेरे आगे
मजबूर हूं मैं, इसकी मोहब्बत नहीं जाती

अव्वल तो उन्हें शर्म रही, मुंह से न बोले
जब शर्म गई, वस्ल की हुज्जत[3] नहीं जाती

ऐ उम्र-ए-रवां इसको भी हमराह[4] लिए जा
तू जाती है दिल से मेरे हसरत नहीं जाती

हर चन्द[5] बला है मगर इसमें भी वफ़ा है
घर ग़ैर के, मेरी शब-ए-फ़ुरक़त[6] नहीं जाती

आईना ही अब रहने लगा आपके आगे
कह सकते हैं मुंह देखे की उल्फ़त नहीं जाती

मिल जाते हैं ख़ुद ख़ाक में बस फ़र्क़ है इतना
दिल से तो हमारे भी कदूरत[7] नहीं जाती

ज़ाहिद ये अगर पस्त है मस्जिद से तो क्या है
कुछ इससे तो मयख़ाने की अज़मत[8] नहीं जाती

ऐ 'दाग़' बुरा मान न तू उसके कहे का
माशूक़ की गाली से तो इज़्ज़त नहीं जाती

---

1. पागलपन 2. प्रलय 3. बहस, झगड़ा 4. साथ 5. यद्यपि 6. वियोग की रात 7. नफ़रत 8. प्रतिष्ठा

81

तड़पते हैं उन्हें ग़ैरों की चाहत ऐसी होती है
ख़ुदा की शान है, ऐसों की हालत ऐसी होती है

जब आँखों से लगाता हूं तो चुपके चुपके हंस हंस कर
तेरी तस्वीर भी कहती है सूरत ऐसी होती है

किया नज़्ज़ारा बज़्म-ए-ग़ैर[1] में उस हूर-ए-तलअत[2] का
ये क्या मालूम था दोज़ख़ में जन्नत ऐसी होती है

न निकले आलम-ए-बाला[3] तक ऐसा चांद सा चेहरा
इन्हीं काफ़िर बुतों में एक सूरत ऐसी होती है

तेरा दिल, संगदिल[4], पिघले तो जब हमको यक़ीं आए
कि उसकी शान ऐसी, उसकी क़ुदरत ऐसी होती है

अभी तो खेल समझे हो मगर एक दिन दिखा देंगे
क़यामत इसको कहते हैं, क़यामत ऐसी होती है

हमारी शक्ल तेरे ग़म में पहचानी नहीं जाती
बिगड़ जाती है सूरत भी, मुसीबत ऐसी होती है

ग़ज़ब में जान है, बरसों के शिकवे भूल जाता हूं
कभी दो चार दिन उनकी इनायत ऐसी होती है

ज़रा सी बात पर ऐ 'दाग़' तुम उनसे बिगड़ बैठे
इसी का नाम उल्फ़त है? मोहब्बत ऐसी होती है?

---

1. ग़ैरों की महफ़िल 2. अति सुंदर युवती 3. श्रेष्ठ संसार 4. पत्थरदिल

82

आपका एतबार कौन करे
रोज़ का इन्तिज़ार कौन करे

ज़िक्र-ए-मेहर-ओ-वफ़ा[1] तो हम करते
पर तुम्हें शर्मसार कौन करे

तुम तो हो जान एक ज़माने की
जान तुम पर निसार[2] कौन करे

आफ़त-ए-रोज़गार[3] जब तुम हो
शिकवा-ए-रोज़गार[4] कौन करे

जो हो उस चश्म-ए-मस्त से बेख़ुद
फिर उसे होशियार कौन करे

अपनी तस्बीह[5] रहने दे ज़ाहिद
दाना दाना शुमार[6] कौन करे

आँख है तुर्क[7], ज़ुल्फ़ है सय्याद[8]
देखें दिल का शिकार कौन करे

ग़ैर ने तुम से बेवफ़ाई की
ये चलन इख़्तियार कौन करे

'दाग़' की शक्ल देख कर बोले
ऐसी सूरत से प्यार कौन करे

---

1. कृपा और वफ़ा का ज़िक्र 2. न्यौछावर 3. संसार का कष्ट 4. संसार की शिकायत 5. माला
6. गिनती 7. लड़ाकू 8. शिकारी

83

मेरी उनकी भरी महफ़िल में होगी
ज़बां पर आएगी जो दिल में होगी

न करते दिल्लगी, क्या जानते थे
हमारी जान इस मुश्किल में होगी

चुराएगा उसी से आँख क़ातिल
ज़रा सी जान जिस बिस्मिल[1] में होगी

यही क़ासिद पता है उसके घर का
हवा कुछ और उस मंज़िल में होगी

अदम[2] के जानेवालो सुनते जाओ
ये आसाइश[3] न उस मंज़िल में होगी

अगर उक़्बा[4] में दुनिया याद आई
तो मुश्किल और उस मुश्किल में होगी

नहीं शोख़ी से ख़ाली शर्म उसकी
क़यामत पर्दा-ए-हाइल[5] में होगी

वहां चुटकी में जब वो तीर लेंगे
यहां एक गुदगुदी सी दिल में होगी

न आए 'दाग़' तो अच्छा है वरना
बड़ी हलचल तेरी महफ़िल में होगी

---

1. घायल 2. परलोक 3. आराम, सुख-चैन 4. परलोक 5. रुकावटी पर्दा

84

लुत्फ़ वो इश्क़ में पाए हैं कि जी जानता है
रंज भी ऐसे उठाए हैं कि जी जानता है

मुस्कुराते हुए वो मजमा-ए-अग़यार[1] के साथ
आज यूं बज़्म में आए हैं कि जी जानता है

सादगी, बांकपन, इग़माज़[2], शरारत, शोख़ी
तूने अन्दाज़ वो पाए हैं कि जी जानता है

काबा-ओ-दैर में पथरा गईं दोनों आँखें
ऐसे जलवे नज़र आए हैं कि जी जानता है

दोस्ती में तेरी दर-परदा हमारे दुश्मन
इस क़दर अपने पराए हैं कि जी जानता है

जो ज़माने के सितम हैं वो ज़माना जाने
तूने दिल इतने सताए हैं कि जी जानता है

'दाग़'-ए-वारफ़्ता[3] को हम आज तेरे कूचे से
इस तरह खेंच के लाए हैं कि जी जानता है

---

1. अपरिचितों की भीड़ 2. आँखों के इशारे 3. मुग्ध

85

तेरी महफ़िल में ये कसरत कभी थी
हमारे रंग की सोहबत कभी थी

शिकायत सुन के ये होता है इरशाद[1]
तेरी तक़दीर में राहत कभी थी?

तुम्हारी सादगी ये कह रही है
निगाह-ए-नाज़ एक आफ़त कभी थी

दिल-ए-बरबाद में उड़ती है अब ख़ाक
ये बस्ती ग़ैरत-ए-जन्नत[2] कभी थी

इस आज़ादी में भी वहशत कभी थी
मुझे अपने से भी नफ़रत कभी थी

हमारा दिल हमारा दिल कभी था
तेरी सूरत तेरी सूरत कभी थी

हुआ इन्सान की आँखों से साबित
अयां[3] कब नूर में ज़ुलमत[4] कभी थी

दिल-ए-वीरां में बाक़ी हैं ये आसार
यहां ग़म था, यहां हसरत कभी थी

उसी हसरत में अब दिल मुब्तिला[5] है
कि जिस उम्मीद पे हसरत कभी थी

तुम इतराए कि बस मरने लगा 'दाग़'
बनावट थी जो वो हालत कभी थी

---

1. आदेश 2. स्वर्ग को लजाने वाली (अत्यंत सुन्दर) 3. ज़ाहिर 4. अंधेरा 5. फँसा हुआ

86

गर मेरे अश्क-ए-सुर्ख़ से रंग-ए-हिना मिले
जो चोर की सज़ा हो वो मुझको सज़ा मिले

जाते थे मुंह छिपाए हुए मयकदे को हम
आते हुए उधर से कहीं पारसा मिले

अपनी भी शामत आ गई तौबा के साथ ही
अह्द-ए-शबाब[1] के जो कहीं आशना[2] मिले

शौक़-ए-विसाल[3] ख़ाक में सबको मिलाएगा
तुम क्यों मिलो किसी से तुम्हारी बला मिले

जन्नत से आर[4], हूर की सोहबत से इज्तिनाब
क्या जाने बन्दगी का सिला मुझको क्या मिले

ये भेद क्या है, मुझसे मिला आज यूं रक़ीब
जिस तरह आशना[5] से कोई आशना मिले

उसके हुजूम-ए-नाज़ में खोया गया है दिल
जो इस तरह की भीड़ में गुम हो, वो क्या मिले

दुनिया में दिल्लगी के लिए कुछ तो चाहिए
हम इन बुतों से मिलते हैं जब तक ख़ुदा मिले

इस वास्ते उठाई हैं तेरी बुराइयां
डरता हूं मैं कि और न तुझसे बुरा मिले

ऐ 'दाग़' अपनी वज़अ[6] हमेशा यही रही
कोई खिंचा, खिंचे, कोई हमसे मिला, मिले

---

1. युवावस्था 2. परिचित 3. मिलन का उत्साह 4. घृणा 5. परिचित 6. ढंग

87

तुमने बदले हमसे गिन गिन के लिए
हमने क्या चाहा था इस दिन के लिए

कुछ निराला है जवानी का बनाव[1]
शोख़ियां ज़ेवर हैं इस सिन[2] के लिए

चाहने वालों से गर मतलब नहीं
आप फिर पैदा हुए किन के लिए

फ़ैसला हो आज मेरा आपका
ये उठा रखा है किस दिन के लिए

दिल के लेने को ज़मानत चाहिए
और इत्मीनान ज़ामिन[3] के लिए

हमनशीनों[4] से मेरे कहते हैं वो
छोड़ दें ग़ैरों को क्या इनके लिए

वो नहीं सुनते हमारी क्या करें
मांगते हैं हम दुआ जिनके लिए

आजकल में 'दाग़' होगे कामयाब
क्यों मरे जाते हो दो दिन के लिए

---

1. श्रृंगार 2. उम्र 3. ज़मानत देने वाला 4. साथ बैठने वालों

88

कुछ तज़्किरा-ए-रंजिश-ए-माशूक़[1] जो आया
दुश्मन के भी आँसू निकल आए मेरे आगे

बुझते हुए देखूंगा न मैं दिल की लगी को
कोई न कभी शमा बुझाए मेरे आगे

मांगी है दुआ वस्ल की, कुछ और न समझो
कोसा हो अगर मैंने तो आए मेरे आगे

तेवर यही कहते थे कि ये नाम है मेरा
लिख कर कई हर्फ़[2] उसने मिटाए मेरे आगे

बिछुड़े हुए माशूक़ मिलें सबको इलाही
तनहा कोई जन्नत में न जाए मेरे आगे

कुछ 'दाग़' का मज़कूर[3] जो आया तो वो बोले
आए थे बुरा हाल बनाए मेरे आगे

---

1. प्रेमिका के वैमनस्य की चर्चा 2. अक्षर 3. ज़िक्र, चर्चा

89

शिकस्त-ए-अह्द[1] से होता ही क्या है
उन्हें इस बात की परवा ही क्या है

तरक़्क़ी कर रही है उनकी शोख़ी
अभी तड़पेगा दिल, तड़पा ही क्या है

बड़ी आँखें तुम्हारी हैं अगर, हों
इन आँखों ने अभी देखा ही क्या है

हक़ीक़त में हो तुम दुनिया से अच्छे
हक़ीक़त में मगर दुनिया ही क्या है

हमारे दिल में है सारी ख़ुदाई
ख़ुदा के घर में अब रखा ही क्या है

तुझे दुनिया में लूं, उक़्बा[2] में चाहूं
बजुज़[3] इसके मेरा दावा ही क्या है

हमेशा देखती हैं दिल की आँखें
हमारा आपका परदा ही क्या है

अदा है इब्तिदा[4] मश्क़-ए-जफ़ा[5] की
बहुत होगा सितम इतना ही क्या है

फ़क़त एक जान वो भी तुझपे क़ुरबान
मोहब्बत ने यहां छोड़ा ही क्या है

अगर सुन लें वो हाल-ए-ज़ार[6] ऐ 'दाग़'
तेरे कहने पे, फिर कहना ही क्या है

---

1. वादा तोड़ना 2. परलोक 3. अतिरिक्त 4. शुरुआत 5. बेवफ़ाई की मश्क़ 6. बुरा हाल

90

कुछ जफ़ा भी है कुछ वफ़ा भी है
दिल लगी का यही मज़ा भी है

ज़िन्दगी और इस ज़माने की
ऐसे जीने का कुछ मज़ा भी है

मैं सुनाऊं तो दास्ताँ अपनी
आप को बात का मज़ा भी है?

रश्क पर सब्र हो सके क्योंकर
ये किसी से कभी हुआ भी है?

चार दिन के शबाब पर ये ग़ुरूर
इब्तिदा[1] है तो इन्तिहा[2] भी है

देख कर दिल को पूछते हैं वो
इस मकां में कोई रहा भी है?

कुछ है बेजा[3] इताब[4] भी उनका
कुछ यूं ही सी मेरी ख़ता भी है

हां ज़रा फिर क़सम तो खा लीजे
आजकल झूठ में मज़ा भी है

हाल-ए-दिल कब अदा हुआ पूरा
कुछ कहा भी है, कुछ रहा भी है

उसको आशिक़ भी लोग कहते हैं
'दाग़' का नाम दूसरा भी है

---

1. शुरुआत 2. अंत 3. अनुचित 4. क्रोध

91

वो लेते हैं चुटकी दम-ए-गुफ़्तार[1] ज़रा सी
क्या दिल को मज़ा देती है तकरार ज़रा सी

आगे तो चले हैं वो मेरी राह पे लेकिन
बाक़ी है अभी मंज़िल-ए-दुश्वार ज़रा सी

अन्देशा है एक साहब-ए-तक़वा[2] की नज़र का
मय छोड़ दिया करते हैं मयख़्वार[3] ज़रा सी

उस फ़ित्ना-ए-आलम[4] से ये कहती है क़यामत
दे डाल मुझे शोख़ी-ए-रफ़्तार ज़रा सी

मूसा को तो जब भी न रही ताब-ए-नज़ारा
झलकी थी पय-ए-तालिब-ए-दीदार[5] ज़रा सी

उस शान-ए-रहीमी[6] ने बहुत रंग दिखाया
जिस वक़्त झुकी चश्म-ए-गुनहगार[7] ज़रा सी

ज़ाहिद मेरी ख़ातिर से मुसलमान समझकर
दिल तोड़ न, तू पी ले मेरे यार ज़रा सी

साक़ी मुझे तरसा के पिलाता है मय-ए-नाब[8]
इक बार बहुत सी नहीं, हर बार ज़रा सी

कहता है वो हम 'दाग़' को दिल में नहीं रखते
मैं चाहूं जगह दे मुझे दिलदार ज़रा सी

---

1. बात करते समय 2. संत व्यक्ति 3. शराबी 4. संसार के उपद्रवी (प्रेमिका) 5. दर्शनाभिलाषी
के लिए 6. क्षमाशील (ईश्वर) की शान 7. पापी की नज़र 8. लाल रंग की शराब

92

रहेगा इश्क़ तेरा ख़ाक में मिला के मुझे
कि इब्तिदा में हुए रंज इन्तिहा के मुझे

हुजूम-ए-नाज़ में घिर कर दुहाई दी दिल ने
ये लूट लेते हैं तन्हा ग़रीब पा के मुझे

शरीक मेहर[1] ओ वफ़ा में कमी किए ही बनी
ख़याल था वो न पछताएं आज़मा के मुझे

बग़ैर मौत के किस तरह कोई मरता है
यक़ीं न आए तो वो देख जाएं आ के मुझे

बला-ए-इश्क़ तो दुश्मन को भी नसीब न हो
मेरा रक़ीब[2] भी रोया गले लगा के मुझे

कहा ये दिल ने चलो आज कू-ए-क़ातिल में
अजल[3] कहां से कहां ले गई लगा के मुझे

हर एक शख़्स को हासिल जुदा है कैफ़ियत[4]
जफ़ा के लुत्फ़ तुझे हैं मज़े वफ़ा के मुझे

सितम तो ये है कि फिर इस ख़ुशी की क़द्र नहीं
तुम अपने दिल में हो ख़ुश किस क़दर सता के मुझे

ग़जब है आह मेरी, 'दाग़' नाम है मेरा
तमाम शहर जलाओगे क्या जला के मुझे

---

1. मोहब्बत 2. प्रतिद्वन्द्वी 3. मृत्यु 4. हाल

93

राह देखेंगे न दुनिया से गुज़रने वाले
हम तो जाते हैं, ठहर जाएं ठहरने वाले

एक तो हुस्न बला, उसपे बनावट[1] आफ़त
घर बिगाड़ेंगे हज़ारों का, संवरने वाले

क़त्ल होंगे तेरे हाथों से ख़ुशी इसकी है
आज इतराए हुए फिरते हैं मरने वाले

हश्र में लुत्फ़ हो जब उनसे हों दो दो बातें
वो कहें कौन हो तुम, हम कहें मरने वाले

है वही क़हर[2], वही जब्र[3], वही कबद[4] ओ ग़ुरूर
बुत ख़ुदा हैं मगर इन्साफ़ न करने वाले

हज़रत-ए-'दाग़' जहां बैठ गए, बैठ गए
और होंगे तेरी महफ़िल से उभरने वाले

---

1. श्रृंगार 2. क्रोध 3. अत्याचार 4. कठोरता

94

ज़रा सी देर करो इम्तिहान की तकलीफ़
उठाओ मेरे लिए एक आन की तकलीफ़

बयान कैसे करें अपनी जान की तकलीफ़
हमारी जान पे है एक जहान[1] की तकलीफ़

तुम्हारी बज़्म[2] में भूले से मैं चला आया
करो न मेरे लिए फूल-पान की तकलीफ़

वो माजरा-ए-शब-ए-हिज्र[3] सुन के रोए बहुत
ज़रा सी मैंने जो अपनी बयान की तकलीफ़

तेरी निगह ने दिल-ए-तंग में जगह की है
न देखी जाएगी इस मेहमान की तकलीफ़

तमाम रात उसे किस लिए जगाते हो
तुम्हें है मद्द-ए-नज़र[4] पासबान[5] की तकलीफ़

हुज़ूर देंगे तुम्हें चन्द रोज़ में ऐ 'दाग़'
उठाओ और कोई दिन मकान की तकलीफ़

---

1. दुनिया 2. महफ़िल 3. जुदाई की रात का माजरा 4. नज़र में, ध्यान में 5. पहरेदार

95

हाथ निकले दोनों अपने काम के
दिल को थामा उनका दामन थाम के

इस नज़ाकत का बुरा हो, बज़्म से
उठते हैं वो दस्त-ए-दुश्मन[1] थाम के

आ गया है भूल कर ख़त इस तरफ़
वो तो आशिक़ हैं मेरे हमनाम के

क़ासिदों[2] के मुन्तज़िर[3] रहने लगे
पड़ गए उनको मज़े पैग़ाम के

अब उतर आए हैं वो तारीफ़ पर
हम जो आदी हो गए दुश्नाम[4] के

दावा-ए-इश्क़-ओ-वफ़ा पर ये कहा
सब बजा, लेकिन मेरे किस काम के

है गदा-ए-मयकदा[5] भी क्या हरीस[6]
भर लिए झोली में टुकड़े जाम के

'दाग़' के सब हर्फ़ लिखते हैं जुदा
टुकड़े कर डाले हमारे नाम के*

---

1. शत्रु का हाथ 2. संदेशवाहक 3. प्रतीक्षारत 4. गाली 5. मधुशाला का भिखारी 6. लालची
*उर्दू लिपि में 'दाग़' शब्द की वर्तनी है : दाल-अलिफ़-ग़ैन और व्याकरण के नियमानुसार
उन्हें अलग-अलग लिखा जाता है, मिला कर नहीं, इसी नियम की ओर इशारा किया गया है।

शे'र

सबब[1] खुला ये हमें उनके मुंह छुपाने का
उड़ा न ले कोई अन्दाज़ मुस्कुराने का

जफ़ाएं[2] करते हैं थम थम के इस ख़याल से वो
गया तो फिर ये नहीं मेरे हाथ आने का

ऐ नज़ाकत तेरे क़ुरबान कि वक़्त-ए-रुख़सत[3]
वो कहें : हम से तो घर तक नहीं जाया जाता

साथ ला कर वो रक़ीबों[4] को ये फ़रमाते हैं
क्या सबब था जो मुझे तूने बुलाया तन्हा

जा के पी आए वहां, आते ही तौबा कर ली
इस क़दर दूर है मस्जिद से ख़राबात[5] ही क्या

वादा झूठा कर लिया, चलिए तसल्ली हो गई
है ज़रा सी बात ख़ुश करना दिल-ए-नाशाद[6] का

कहीं ऐसे बिगड़े संवरते भी देखे
न आएंगे वो राह पर, देख लेना
तग़ाफ़ुल[7] में शोख़ी निराली अदा थी
ग़ज़ब था वो मुंह फेर कर देख लेना

---

1. कारण 2. अत्याचार 3. विदा के समय 4. प्रतिद्वन्द्वी 5. शराबख़ाना 6.अप्रसन्न दिल 7.उपेक्षा

हम बोसा ले के उनसे अजब चाल कर गए
यूं बख़्शवा लिया कि ये पहला क़ुसूर था

सुनता हूं कि नासेह[1] की ज़बां बन्द हुई है
हर रोज़ की झक झक से मेरा नाक में दम था

बोसा लेकर दिल दिया है और फिर नालां[2] है 'दाग़'
कोई जाने मुफ़्त में हज़रत का नुक़्सां हो गया

तुम्हारा दिल मेरे दिल के बराबर हो नहीं सकता
वो शीशा हो नहीं सकता, ये पत्थर हो नहीं सकता

रह न जाए हिज्र में कोई बला
किसने रोका उनको, आएं सब की सब
'दाग़' को है उसकी रहमत से उमीद
बख़्श देगा वो ख़ताएं सब की सब

दिल को सलाहकार बना कर हुए ख़राब
दुश्मन वही है दे जो बुरे काम की सलाह
कहते हैं जब वो मुझसे, तुझे हम करेंगे क़त्ल
कहता हूं हाथ बांध के : जो आपकी सलाह

1.उपदेशक 2. शिकायत करने वाला

झुकी ज़रा चश्म-ए-जंगजू[1] भी, निकल गई दिल की आरज़ू भी
बड़ा मज़ा उस मिलाप का है जो सुल्ह[2] हो जाए जंग हो कर

हूर के नाज़ ओ अदा को तो फ़रिश्ते समझें
ख़ुल्द[3] में खाएंगे हम आपका धोखा किस पर
दिल चुराया है मेरा आप भरी महफ़िल में
और कहते हैं कि है शुब्हा तुम्हारा किस पर

राह पर उनको लगा लाए तो हैं बातों में
और खुल जाएंगे दो चार मुलाक़ातों में

हज़ार काम मज़े के हैं 'दाग़' उलफ़त में
जो लोग कुछ नहीं करते कमाल करते हैं

किसी ख़ुर्शीद रू[4] के पांव पर रखा था सर एक दिन
मिसाल-ए-माह[5] चमकी साथ क़िस्मत के जबीं[6] बरसों

बज़ाहिर[7]   उठाना   मुझे   बज़्म   से
इशारे   से   कहना   इजाज़त   नहीं
दिया   नामाबर[8]   ने   ये   आकर   जवाब
उन्हें   बात   करने   की   फ़ुरसत   नहीं

---

1. लड़ाका आँख 2. मिलाप 3. स्वर्ग 4. सूरज की तरह चमकते चेहरे वाली (प्रेमिका)
5. चन्द्रमा के समान 6. माथा 7. प्रत्यक्षत: 8. पत्रवाहक

मयख़ाने से क़रीब थी मस्जिद भले को 'दाग़'
हर एक पूछता है कि हज़रत इधर कहां

आता है मुझको याद सवाल-ए-विसाल[1] पर
कहना किसी का हाय वो मुंह फेर कर, नहीं

तबीयत की कजी[2] हरगिज़ मिटाए से नहीं मिटती
कभी सीधे तुम्हारे गेसु-ए-पुरख़म[3] भी होते हैं?

कल तक तो आशना[4] थे मगर आज ग़ैर हो
दो दिन में ये मिज़ाज है, आगे की ख़ैर हो
कैसा विसाल[5], किसकी तसल्ली, कहां का लुत्फ
कुछ हो न हो बला से मेरे दिल की ख़ैर हो

क़ासिद! ये समझना कि वही है शहर उसका
मशहूर जहाँ नाम तग़ाफुल का हया हो

जो हो आग़ाज़[6] में बेहतर वो ख़ुशी है बदतर
जिसका अंजाम[7] हो अच्छा वो मुसीबत अच्छी

---

1. मिलन की प्रार्थना 2. टेढ़ापन 3. पेंचदार जुल्फें 4. परिचित 5. मिलन 6. प्रारम्भ 7. अन्त, परिणाम

हिज्र में जो दुआएं मांगी हैं
कोई अल्लाह के सिवा न सुने

नाउमीदी बढ़ गई है इस क़दर
आरज़ू की आरज़ू होने लगी

किसी बदख़ू[1] से हम कहने लगे थे मुद्दआ दिल का
ये क्या मालूम था आवाज़ भी मुश्किल से निकलेगी

वो ख़त लिखें मुझे, झूठा है क़ासिद[2]
ख़ुदा जाने उठा लाया कहां से

कमी क्या पड़ गई है चाहने वालों की ऐ क़ातिल
कि अब तलवार कम खिंचती है, ख़ंजर कम निकलता है
गिला कैसा, कहां का रंज, किस का जां-ब-लब[3] होना
जब उसने प्यार से पूछा : तुम्हारा दम निकलता है

तू भी ऐ नासेह किसी पर जान दे
हाथ ला उस्ताद, क्यों कैसी कही!

---

1. बुरी आदत वाला 2. संदेशवाहक 3. प्राण का होंठों तक आना

हर अदा मस्ताना सर से पांव तक छाई हुई
उड़ तेरी काफ़िर जवानी जोश पर आई हुई
मुझको ये दावा कोई तेरे सिवा दिल में नहीं
उसका ये इल्ज़ाम अच्छी क़ैद-ए-तन्हाई हुई

हम तो उस आँख के हैं देखने वाले देखो
जिसमें शोख़ी है बहुत और हया थोड़ी सी

बैठो भी, मेरे क़त्ल पे क्या बांधोगे तलवार
देखूं तो सही बांधनी आती है कमर भी

वो सुनकर 'दाग़' के अशआर बोले
ख़ुदा जाने ये बोली है कहां की

तुम ना पाओगे सादा दिल मुझ सा
जो तग़ाफ़ुल[1] को भी हया जाने
नई शोख़ी है चश्म-ए-फ़ितनाजू[2] की
तग़ाफ़ुल यूं किया गोया हया की

हुए मग़रूर[3] वो जब आह मेरी बेअसर देखी
किसी का इस तरह या रब न दुनिया में भरम निकले

---

1. उपेक्षा 2. झगड़ा करने वाली आँखें 3. अहंकारी

क्यों न छाए मयकशों के सर पे अब्र[1]
कुछ गुनहगारों का परदा चाहिए

रुख़-ए-रोशन के आगे शमा रख कर वो ये कहते हैं
उधर जाता है देखें या इधर परवाना आता है

आप महशर में बने क़ौल के सच्चे, क्या ख़ूब
उंगलियां उठेंगी वो आए मुकरने वाले

दिल दे तो इस मिज़ाज का परवरदिगार[2] दे
जो रंज की घड़ी भी ख़ुशी से गुज़ार दे

मुझ गुनहगार को जो बख़्श दिया
फिर जहन्नुम को क्या दिया तूने

जागीर जुनूं की क़ैस के बाद
अब 'दाग़' के नाम हो गई है

आए हैं वो रक़ीब[3] के घर से
एक ख़ुशी है तो एक ग़म है
मुझको देखा तो ग़ैर से ये कहा
उम्र इस नौजवान की कम है

---

1. बादल 2. ईश्वर 3. प्रतिद्वन्द्वी

बलाएं शाख़-ए-गुल की बाग़ में जा जा के लेते हैं
तसव्वुर[1] में तेरी नाज़ुक कलाई देखने वाले

गश खा के 'दाग़' यार के क़दमों में गिर पड़ा
बेहोश ने भी काम किया होशियार का

ये क्या कहा कि तुझ को तो नाहक का रश्क है
मेरे रक़ीब कर गए सब इंतिक़ाल[2] क्या

बैठे बिठाये आए जो शामत[3] तो क्या इलाज
दिल ने कहा कि आओ, चलें यार की तरफ़

❑❑❑

---

1. कल्पना 2. मृत्यु 3. दुर्भाग्य

www.ingramcontent.com/pod-product-compliance
Lightning Source LLC
LaVergne TN
LVHW091236180726

843490LV00006B/2089